D1694501

Von Wernigerode auf den Harz

Ein historisches Reisebuch

Von Wernigerode auf den Harz

Ein historisches Reisebuch

herausgegeben von
Uwe Lagatz
unter Mitarbeit von Jörg Brückner

Gedanken vorab

„d. 10. früh nach dem Torfhause. 1 viertel nach Zehn auf den Brocken. ein viertel nach eins droben, heitrer herrlicher Tag, rings die ganze Welt in Wolcken und Nebel, oben alles heiter. Was ist der Mensch dass du sein gedenckest. Um Vieren wieder zurück. bei dem Förster auf dem Torfhause in Herberge."
Johann Wolfgang von Goethe, Tagebucheintrag, Dezember 1777

„Die Grafschaft Wernigerode mit dem Stifte Walkenried, den Abteyen Quedlinburg und Gernrode", Kupferstich von F. J. Reilly, 1791

Die
GRAFSCHAFT
WERNIGERODE,
mit dem
STIFTE WALKENRIED,
den
ABTEYEN
QUEDLINBURG
und
GERNRODE.
Nro. 377.

Deutsche Meilen 13 auf einen Grad.

Gedanken vorab

Goethe, Heine, Fontane ... – gar viele der großen deutschen Dichter haben den Harz bereist; manch einer von ihnen auch mehrfach. Alle zeigten sie sich von diesem Gebirge beeindruckt und das unabhängig von den jeweiligen Motiven und Zeiten ihres Hierseins. Erstgenannter hielt seine Impressionen vorerst in Briefen, Zeichnungen und im Tagebuch fest, um sie später literarisch zu veredeln; der Zweite entwarf in Reflexion seiner Harzquerung ein heute wohl jedem Schulkind bekanntes Reisebild; der Dritte schließlich ließ sich von einem alten Kriminalfall inspirieren und verfasste eine Novelle ...

Die Harz-Dichtungen der genannten und ungenannten großen Autoren werden aber in diesem Buch nicht nachzulesen sein! Oft schon wurden sie, komplett oder in Auszügen, pur oder mit klugen Anmerkungen versehen, veröffentlicht, haben Wissenschaftler unterschiedlicher Sparten jedes der Werke wieder und wieder auf der Suche nach neuen Deutungen und Hintergründen durchforstet, und selbst Schriftsteller unserer Tage sparen nicht an Harz-Adaptionen, wenn es um die Rezeption der klassischen Literatur geht.

Dieses historische Reisebuch schöpft seine Texte vordergründig aus Publikationen, die fast alle über die Jahrzehnte und Jahrhunderte gänzlich oder beinahe in Vergessenheit geraten sind, aber den damaligen Zeitgenossen gut bekannt und ihnen darüber hinaus wichtige Helfer waren. Die Rede ist von den zahllosen Harzbeschreibungen und Harzführern, derer sich die Reisenden vorab oder vor Ort gern bedienten. Eben jene damalige Gebrauchsliteratur vermittelt, wenn auch nicht immer frei von literarischer Überhöhung, ein recht authentisches Bild vom Harz und dem Harzer vergangener Zeiten. Ergänzt werden die ausgewählten Texte durch Auszüge aus dem großen Fundus alter Nachschlagewerke und wertvoller Archivalien. Einige Schriftsteller werden hier und da auch zu Wort kommen; von den ganz Großen fortan allerdings keiner.

Die in diesem Buch versammelten Ausführungen ermöglichen dem Rezipienten eine historische Harzreise nahe an der tatsächlich gelebten Vergangenheit. Um jenem Anspruch schließlich nicht nur verbal, sondern auch visuell gerecht werden zu können, wurden den Schriftzeugnissen zahlreiche zeitgenössische Stiche, Zeichnungen, Fotos und Gemälde beigefügt.

Die Auswahl der Texte und Bilder geschah keineswegs zufällig. Sie entstammen überwiegend dem 18. und 19. Jahrhundert und damit einer Epoche, die auf den ersten Blick romantisch, ja beschaulich wirkt. Dass sich jener Eindruck aus der Perspektive vieler Zeitgenossen als trügerisch erweist, wird nicht nur zwischen den Zeilen deutlich werden. Denn als sich in der Ära von Aufklärung und Vernunft mehr und mehr Gelehrte, Adlige und Künstler auf den Weg in das unwirtliche, aber an Naturschönheiten und -schätzen reiche Mittelgebirge machten, verdiente sich das Gros der auf dem Harz Ansässigen traditionell das tägliche Brot mit harter Arbeit in den Wäldern, im Berg oder in den Hüttenwerken. Die da wissens- und erlebnishungrig zu ihnen aus den Ebenen und Städten herauf kamen, waren eine willkommene Abwechslung, wollten sie doch geführt, im besten Sinne belehrt und natürlich beköstigt werden. Langsam, fast behutsam entfaltete sich ein neuer Wirtschaftszweig – der Fremdenverkehr. Auch die am Harzrand gelegenen Orte, denen seinerzeit die träumerische Eleganz heutiger Tage fast gänzlich fehlte, profitierten von den immer zahlreicher

Gedanken vorab

werdenden Reisenden. Den Durchbruch erlebte jene Branche schließlich in der zweiten Hälfte des 19. Jahrhunderts: Eisenbahntrassen verkürzten die Wege an den Fuß des Gebirges, größer wurde der Zustrom der Sommerfrischler. Hinzu kamen in der kalten Jahreszeit die zahlreichen Wintersportler, die sich für die aufkommenden Freizeitvergnügen Skifahren und Rodeln begeisterten. Die Zahl der Gasthöfe und Pensionen stieg sprunghaft an. Noch vor dem Ersten Weltkrieg hatte sich der moderne Tourismus mit all seinen Facetten im Harz fest etabliert.

So sollen die in diesem Buch aufgenommenen Auszüge und Abbildungen wie ein Mosaik den schrittweisen Wandel der Region bar jeder hochgestochenen akademischen Theorie historisch verlässlich nachzeichnen und nicht zuletzt Vergnügen bereiten; Vergnügen an der Sprache der Zeitgenossen, an deren Eindrücken, Einsichten und Erfahrungen. Rechtschreibung und Stil wurden im Sinne der Wahrung historischer Authentizität ganz bewusst weder bearbeitet noch modernisiert.

Die Größe des Harzes und besonders die Fülle der hier zu findenden Sehens- und Merkwürdigkeiten gebot neben der temporären Eingrenzung die Beschränkung auf eine bestimmte Region. Das Gebiet der alten, seit dem 12. Jahrhundert existenten Grafschaft Wernigerode bot sich hierfür an, wird es doch seit alters her vom Brocken gekrönt. Über Jahrhunderte ausschließlich vom schier undurchdringlichen Gespinst schrecklicher Sagen und Legenden umwoben, erlebte der höchste Harzberg nach zögerlichen Anfängen im 16. und 17. Jahrhundert zu Lebzeiten der eingangs benannten großen Schriftsteller eine Metamorphose ohnegleichen: Zunehmend erschlossen und seit 1899 sogar per Bahn zu erobern, wurde der Gipfel vom ersehnten und nur mit Mühen zu erreichenden Ziel einer übersichtlichen Schar wagemutiger Brockenwanderer zum touristisch bestens präparierten Muss für jeden Harzbesucher. Ganz nebenher entdeckten die Brockenstürmer auch die Reize der Umgebung: das Ilsetal mit seinem unübersehbaren Wächter, dem Ilsestein, oder die Schnarcherklippen nahe Schierke und nicht zu vergessen das ursprünglich kleine und etwas verschlafen wirkende Städtchen Wernigerode. Im 18. Jahrhundert fast ausschließlich als guter Ausgangspunkt für eine Brockenbesteigung empfohlen, wurde es später selbst zum Ziel unternehmungslustiger Sommerfrischler und Wintersportler. Von hier ab dampften schon bald die Züge der Harzquer- und Brockenbahn hinauf ins Gebirge. Hier lockten zahlreiche Gast- und Fachwerkhäuser, ein romantisches Rathaus und ein Märchenschloss – zweifelsohne stand hier eine der Wiegen des modernen Harzer Fremdenverkehrs.

Selbstredend mussten die für dieses Reisebuch ausgesuchten Texte sortiert und miteinander verbunden werden. Da eine bloße chronologische Aneinanderreihung den Leser wohl auf Dauer etwas ermüden würde, erschien es sinnvoll, der Herangehensweise eines Harzreisenden zu folgen: Zuerst informiert sich dieser in diversen Nachschlagewerken über die Region, um anschließend nützliche Hinweise für die Vorbereitung und Realisierung seiner Unternehmung zu sammeln. Im Harz angekommen, beliest er sich über die besten Wege und lohnendsten Ziele, bevor er sich vermittels persönlicher Anschauung sein eigenes Bild macht.

Nachgeschlagen

„Die *Grafschaft* umfasst beinahe 5 Q.-Meil. mit etwa 20,700 Einw. in 1 Stadt, 1 Flecken, 12 Dörfern, 5 Rittergütern und 11 grfl. Landwirthschaften."
H. A. Berlepsch, 1870

Folioband des von Johann Franz Buddeus in der ersten Hälfte des 18. Jahrhunderts herausgegebenen Lexikons

Nachgeschlagen

> Wernigerode, eine Grafschafft nebst einer stadt und schlosse, welche den Grafen von Stolberg als ein Brandenburgisches lehn zustehet. Das schloß ist sehr alt und liegt auf einem berge, an dessen fuß sich das städtlein befindet, 2 meilen von Halberstadt.

Mit diesen Worten beginnt einer der ältesten Lexikoneinträge, der allein Wernigerode gewidmet wurde. 1732 veröffentlicht, entstammt dieser der 3. Auflage des beim Leipziger Verleger **Thomas Fritsch** *erschienenen* **Allgemeinen Historischen Lexicons (4. Teil R-Z) von Johann Franz Buddeus**, *einem in der ersten Hälfte des 18. Jahrhunderts in den deutschen Landen recht verbreiteten Kompendium. Dessen erste Auflage war schon 1709 gedruckt worden, allerdings nicht als neu erschaffenes Werk, sondern als übersetzte und ergänzte Ausgabe des 1674 erstmals aufgelegten „Le grand dictionaire historique" aus der Hand des französischen Abbé Louis Moréri. Letzterer hatte mit seiner Publikation ganz im Geiste der Aufklärung ein völlig neues Nachschlagewerk entworfen – das vorrangig biographischen, geographischen und historischen Inhalten gewidmete nationalsprachliche Lexikon.*
Fritsch und Buddeus hatten in der 1732er Auflage ihres Lexikons noch weitere für die Harzregion interessante Einträge aufgenommen:

> Hartzwald, ist ein grosses mit holtz bewachsenes gebürge zwischen Thüringen und Nieder-Sachsen, dessen gröster theil dem Hertzoge zu Braunschweig-Wolffenbüttel, und insonderheit zu dem Fürstenthum Blanckenburg gehöret. Er ist ein stück von dem bey den alten bekannten *sylva Hercynia*, welches wort auch von dem Deutschen Hartz herzustammen scheinet. Er ist zwar wegen der ungeheuren gebürge etwas förchterlich anzusehen, aber doch seinen besitzern, wegen der holtzung und wildbahn, sonderlich aber wegen der sehr ergiebigen bergwercke sehr nützlich. ... Aus diesem gebürge haben die bekannten flüsse Bode, Ocker, Leine, Innerste, Helm etc. ihren ursprung; und macht der erste bei dem dorff Thal auf dem so genannten Roßtrapp einen entsetzlichen wasserfall oder *cataractam*. Bei diesem ort, der Roßtrapp genannt, ist ein dreifaches *echo*, davon das mittelste so starck, daß eine pistole fast wie eine canone knallet. Die Teufels-mauer gegen dem Roßtrapp über ist auf das ordentlichste, und doch aus so entsetzlichen grossen felsen zusammen gesetzt, die keine menschliche gewalt hat bewegen können. ...
> Sonderlich ist ein ansehnlich stück des Hartzwaldes der berühmte Brocksberg, *item* die Baumannshöle und der Rammelberg, von welchen beyden in besondern articuln gehandelt wird. Von allerhand kräutern ist eine solche menge hier, daß die

kenner über 500 *species simplicium* zehlen. Es stehen vor und auf dem wilden Hartz-gebürge wenigstens 118 theils schlösser, theils *rudera* davon, dabey man sich verwundern muß, wie dieselben auf so grausamen höhen, da man kaum mit mühe hinauf klettern kan, so starck und schöne erbauet werden können. Hierzu gehören sonderlich Blanckenburg, und Reinstein, welches residentz-häuser der davon benannten Grafen gewesen, *item* Homburg, Stauffenberg, davon an seinem ort.

Die Roßtrappe, Kupferstich aus der Topographie von Matthaeus Merian, 1654

Nachgeschlagen

Blocksberg, oder Brocksberg, *Melibocus, Bructerus*, der höchste berg auf dem Hartz in dem Braunschweig-Wolffenbüttelischen Fürstenthum Blanckenburg, 5 meilen von Nordhausen, zwischen Osterwick und Wernigerode, gehöret gröstentheils zum Wolfenbüttelischen gebiete. Er ist oben die meiste zeit des jahrs mit schnee bedecket. Bey hellem wetter kan man von der spitze des berges nicht

An den Zeterklippen vis-à-vis dem Brocken

Nachgeschlagen

allein Magdeburg und Lüneburg deutlich sehen, sondern auch die ostsee erkennen. Der berg ist fast über die helffte der höhe sumpfiigt, daher man das darauf befindliche holtz und graß nicht herab bringen oder nutzen kan. Hertzog Heinrich *Julius* hatte zwar einen fahr-weg von starcken dannen-bäumen biß an die helffte des berges machen lassen, der aber wieder gantz verfallen. Oben auf dem berge ist eine ebene, auf welcher 2 grosse viereckigte sümpffe und ein crystallen-klarer brunn, welches gleichsam die cisternen der aus diesem berg entstehenden flüsse, als der Bode, Ocker, Holtzemme und anderer. Wer die fratzen von den vorgegebenen versammlungen und Reichs-tägen der hexen, so am Walpurgis-tage auf diesem berge gehalten werden, zu wissen lust hat, findet sie überflüßig bei *M. Joh. Prætorio* in einem besondern tractat vom Blocksberge. Von der natürlichen beschaffenheit aber dieses berges handelt *D. Georg. Henning Behrens* in seiner *Hercynia curiosa...*

Während man noch in der ersten Auflage dieses Werkes von 1709 Beiträge über Wernigerode und den Harz vergeblich suchen muss, hatten Verleger und Herausgeber aber bereits einen knappen Artikel über den Brocken offeriert:

Blockesberg / lat. *Mons Bructerorum* oder *Melibocus*, ein sehr hoher berg auff dem Hartz / zwischen Werningerode und Osterode gelegen / auff welchem die zauberer und hexen ihre sabbathe und zusammenkünffte halten sollen.

Der letzte Band des „Allgemeinen Historischen Lexicons" war gerade in 3. Auflage auf dem Buchmarkt erschienen, da nahm ein sehr ehrgeiziger Leipziger Verleger ein enzyklopädisches Projekt in Angriff, das zum bedeutendsten und umfangreichsten seiner Art im Heiligen Römischen Reich deutscher Nation werden sollte. Die Rede ist von **Johann Heinrich Zedler** *und seinem* **Grossen vollständigen UNIVERSAL-LEXICON Aller Wissenschafften und Künste, Welche bishero durch menschlichen Verstand und Witz erfunden und verbessert worden.** *Nein, der Gründungsverleger – er ging 1738 in Konkurs – hatte in seinem Titel nicht übertrieben! In den gut zwei Jahrzehnten von 1732 bis 1754 brachten er und seine Nachfolger insgesamt 64 umfangreiche Foliobände heraus, die in sich das Wissen der damaligen Epoche vereinten. Als wissenschaftliches Nachschlagewerk konzipiert, war der Zedler nicht nur den Zeitgenossen ein unverzichtbares Werkzeug. Bis in die Gegenwart hinein bietet dieses Werk Fachleuten unterschiedlichster Profession einen schier unerschöpflichen Informationsreichtum.*

Nachgeschlagen

Manch Harzreisender des 18. Jahrhunderts wird in Vorbereitung seiner Tour den Zedler befragt haben. Wenn er im 1735 erschienenen 12. Band unter dem Stichwort „Hartzwald" oder „Hartz" nachgelesen hat, so fand er dort fast aufs Haar genau die gleichen Informationen und Formulierungen wie im „Allgemeinen Historischen Lexicon"! Anders verhält es sich mit dem Eintrag zum Brocken in dem zwei Jahre zuvor veröffentlichten vierten Band:

Blocksberg, Blockersberg, Bloxberg, Brocksberg, Brockersberg, Lat. *Mons Bructerus* oder *Melibocus*, unter welchem Namen *Ptolemæus* seiner gedencket, ... Es ist aber der höchste Berg auf dem Hartz, grösten Theils in dem Braunschweig-Wolffenbüttelischen Fürstenthum Blanckenburg, theils aber, und zwar, wo er am höchsten ist, in der Graffschafft Wernigeroda, zwischen denen Städten, Osterwick, Wernigeroda und Goßlar, und 5. Meilen von Nordhausen gelegen. Man rechnet seinen Umkreiß an dem Fusse auf 7. Meilen, und wird er von vielen vor den höchsten Berg in gantz Teutschland gehalten, und kan man solchen auf die 10. bis 16. Meilen weit sehen, und wenn man auf dessen Gipffel stehet, so fallen einem bey hellem Wetter nicht allein die Städte, Magdeburg und Lüneburg, sondern auch sogar die Ost-See in die Augen.

Biß über die Helffte dieses Berges ist alles sumpficht, und kan man also das darauf wachsende Holtz und Graß nicht herunter bringen, und zum Nutzen derer Menschen anwenden; ob auch gleich *Henricus Julius* von Braunschweig, als er seine Gemahlin darauf führen wolte, einen Fahr-Weg von starcken Dannen-Bäumen biß an die Helffte bahnen lassen, so ist doch nach diesem selbiger gantz wieder verfallen, und mit Gestruppe bewachsen, daß man an einigen Orten fast kaum durchkommen kan. Wenn man ihn ersteigen will, so muß man zum wenigsten 4. Stunden dazu haben. Auf der Höhe stehen in einem Circkel etliche hohe Bäume in so schöner Ordnung, als wenn sie von Menschen wären dahin gepflantzet worden. Ingleichen wachsen auf diesem Berge eine Art Heidel-Beere, welche man Apen-Beeren nennet, weil sich diejenigen, die solche genüssen, wie Affen anstellen. An denen Felsen-Steinen haben so viele, sowohl Inn- als Ausländer, welche oben gewesen, zu ihrem Gedächtnis ihren Namen eingegraben.

Oben auf dem Berge ist eine Ebene, auf welcher 2. grosse viereckigte Sümpffe, und ein schön klarer Brunn, nebst einem grossen Steine, an welchen ehemahls ein grosser Löffel hienge, mit welchem die Reisenden, aus Durst, einen Trunck thun konten; wiewohl dieses Wasser auch in denen heissesten Hunds-Tagen dermassen kalt seyn soll, daß man es kaum erleiden könne. Diese Sümpffe nun sind gleichsam die Cisternen, daraus die Bode, Ocker, Holtz-Emme, und andere Flüsse entstehen.

Sonsten ist noch von diesem Berge zu mercken, daß die dasigen Land-Leute nach ihm prophezeyen, was vor Wetter erfolge. Dann wann ein starcker Nebel auf solchen zu sehen, so soll gantz unfehlbar den Tag darauf ein Regen fallen; wenn es aber gantz helle auf selbigen ist, so folge auch ein schöner Tag. Im übrigen hat man ehedem sich überreden lassen, daß in der Walpurgis-Nacht die Hexen ihren Reichs-Tag auf diesem Berge hielten ...

Nachgeschlagen

*Wernigerode und der Brocken
Lithographie von W. F. Bremer,
um 1820*

Zugegeben, der Text ist aus heutiger Perspektive zu einem Teil Phantasieprodukt, enthält daneben aber eine Reihe von Informationen, die unbestritten bis in die Gegenwart von Bestand sind. Ebenso verhält es sich mit den 1748 im 55. Band publizierten sehr ausführlichen Bemerkungen des Zedlers zum Thema Wernigerode:

Wernigeroda, Wernigerode, Werningerode, Weringerode, Wenigerode, Latein. *Wernigerodensis Comitatus*, eine Grafschafft auf dem Hartz, zwischen dem Braunschweigis. Halberstädtischen und Rheinsteinischen Landen. Sie hat ihren Nahmen von dem Haupt-Orte Wernigeroda, so ein Berg-Schloß und Stadt, wovon der nachstehende Artickel handelt. Auch liegt darinnen das Berg-Schloß und die Stadt Ilsenburg, und ungefehr 10 bis 11 Dörfer und Vorwercke.

Der bekannte Blocksberg ist in der Grafschafft Wernigerode nur eine kleine Meile von der Stadt Ilsenburg. Diese Grafschafft hatte anfänglich ihre eigene Grafen, von denen ein besonderer Artickel folgt; sie sind aber 1429. mit Graf Heinrichen von Wernigeroda ausgestorben, da denn solche Grafschafft durch Graf Bothens Gemahlin an die Grafen von Stollberg gekommen, denen sie auch noch als ein Brandenburgisches Lehn gehöre. ...

Es hat sonst diese Grafschafft ausser dem Ackerbau, der an etlichen Orten, sonderlich unter dem Hartze, noch ziemlich ist, gute Einkünffte von Eisen-Hütten, Schneide- und Papier-Mühlen. Es sollen auch vor einiger Zeit neue Bergwercke von Cobolt, Wismuth, Kupfer und Silber sich hier geäussert haben. ...

Titelblatt eines Bandes des von Johann Heinrich Zedler 1732 begründeten Universal-Lexikons

Grosses vollständiges

UNIVERSAL-LEXICON

Aller Wissenschafften und Künste,

Welche bishero durch menschlichen Verstand und Witz
erfunden und verbessert worden.

Darinnen so wohl die Geographisch-Politische
Beschreibung des Erd-Creyses, nach allen Monarchien, Kayserthümern, Königreichen, Fürstenthümern, Republicken, freyen Herrschafften, Ländern, Städten, See-Häfen, Festungen, Schlössern, Flecken, Aemtern, Klöstern, Gebürgen, Pässen, Wäldern, Meeren, Seen, Inseln, Flüssen und Canälen; Sammt der natürlichen Abhandlung von dem Reiche der Natur, nach allen himmlischen, lüfftigen, feurigen, wässerichen und irdischen Cörpern, und allen hierinnen befindlichen Gestirnen, Planeten, Thieren, Pflantzen, Metallen, Mineralien, Saltzen und Steinen ꝛc.

Als auch eine ausführliche Historisch-Genealogische Nachricht von denen Durchlauchten und berühmtesten Geschlechtern in der Welt:

Den Leben und Thaten derer Kayser, Könige, Chur-Fürsten
und Fürsten, grosser Helden, Staats-Minister, Kriegs-Obersten zu
Wasser und zu Lande, denen vornehmsten geist- und weltlichen
Ritter-Orden ꝛc.

Ingleichen von allen Staats-Kriegs-Rechts-Policey- und Haushaltungs-
Geschäfften des adelichen und bürgerlichen Standes, der Kauffmannschafft, Handthierungen, Künste und Gewerbe, ihren Innungen, Zünfften und Gebräuchen, Schiff-Fahrten, Jagden, Fischereyen, Berg-Wein-Acker-Bau und Viehzucht ꝛc.

Wie nicht weniger die völlige Vorstellung aller in denen Kirchen-Geschichten berühmten
Alt-Väter, Propheten, Apostel, Päbste, Cardinäle, Bischöffe, Prälaten und
Gottesgelehrten, wie auch Concilien, Synoden, Orden, Wallfahrten, Verfolgungen der Kirchen, Märtyrer, Heiligen, Sectirer und Ketzer aller Zeiten und Länder;

Endlich auch ein vollkommener Inbegriff der allergelehrtesten Männer, berühmter Universitäten, Academien, Societäten und der von ihnen gemachten Entdeckungen: Ferner der Mythologie, Alterthümer, Müntz-Wissenschafft, Philosophie, Mathematick, Theologie, Jurisprudenz und Medicin, wie auch aller freyen und mechanischen Künste, sammt der Erklärung aller darinnen vorkommenden Kunst-Wörter u. s. f. enthalten ist.

Mit Hoher Potentaten allergnädigsten Privilegiis.

Ein und Dreyßigster Band Rei - Ri.

Leipzig und Halle,
Verlegts Johann Heinrich Zedler.
1742.

Wernigeroda, Wernigerode, Lat. *Wernigeroda*, eine feine und ziemlich grosse Stadt, an den Quellen der Holtz-Emme vor dem Hartze in der vorstehenden Grafschafft gleiches Nahmens, nebst einem sehr alten Schlosse, auch Wernigeroda genannt, welches auf einem hohen Berge lieget, an dessen Fuß sich die Stadt befindet.

Der Stadt Lage:
Die Stadt lieget etwas thalwerts, zwey Meilen von Halberstadt, drey Meilen von Qvedlinburg, und eben so weit von Blanckenburg.

Grösse:
Sie wird nach Halberstadt, Qvedlinburg und Nordhausen, für eine der grösten Städte dasiger Gegend gehalten.

Erbauung:
Daß selbige von den *Slavis* und *Venetis* erbauet seyn müsse, solches zeiget die Endigung des Worts mit dem Deutschen roden, wovon ausroden herkommt, an.

Ursprung:
Ihren Ursprung hat sie den ehemahligen Grafen von Reinstein zu dancken, deren einer, so auf dem Berge gewohnet, der Ober-Graf, der andere aber der Unter-Graf, von welchen nachgehends die Grafen von Wernigerode abgestammet, genennet worden.

Herren:
Daß diese Stadt schon seit 1429. dem Gräflichen Hause Stollberg gehöre, ist in dem vorstehenden Artickel bereits angemercket worden. Nach der Zeit hat diese Stadt sich dem Grafen widersetzet, und seine Botmäßigkeit nicht recht erkennen wollen; es ist aber die Sache zum Besten des Grafens abgethan worden. ...

Zu der Wernigerodischen Superintendur gehören:
2 Städte: Wernigeroda, und Ilsenburg;
8 Dorf-Kirchen: Veckenstädt, Altenroda, Dorlingroda, Wasserleer, Müntzleben, Silstedt, Langeln, und Drübeck.
13 Prediger. ...

Vorstadt und Vorwerck.
Hiernächst hat diese Stadt eine Vorstadt, Neschenrode genannt, über welcher das Gräfliche Schloß Rutschefort gar hoch lieget, welches nun sehr schön wieder zurechte gebauet, und mit einem stattlichen Lust-Garten ausgezieret ist. Nicht weit von der Stadt lieget das Gut Hasserode, welches sonst dem Rathe gehöret, der es aber dem Könige geschencket hat. Es ist auch allhie ein Kloster Himmelpforte genannt, welches von den Bauern ruiniret, und nun ein Gräfflich Vorwerck ist.

Jahr-Märckte:
Die Stadt hat drey Jahr-Märckte, als 1) auf Invocavit, 2) Exaudi, und 3) auf Nicolai.

Nachgeschlagen

Der Zedler wartet im selben Band noch mit einem mehrseitigen Beitrag zur Geschichte der Grafen von Wernigerode auf, die vom 12. bis zum 15. Jahrhundert im Besitz der gleichnamigen Herrschaft gewesen waren. Die in der Region gut bekannte Historie des wegen Landfriedensbruchs am 22. Juli 1386 gerichteten Grafen Dietrich liest sich hier folgendermaßen:

Es brachte sich aber vorhergedachter Dietrich, Graf zu Wernigerode selbst in grosses Unglück. Es hielten nemlich 1385. die Sächsischen Herren eine Berathschlagung über die Unsicherheit derer Strassen, und wie man denen Plackereyen und Plünderungen abhelffen möchte, da denn endlich dieser Schluß einmüthiglich abgefasset wurde: Daß sie ohne Ansehen der Person, solche Placker und Strassen-Räuber, wo man sie auch nur antreffen würde, aufs ernstlichste verfolgen und angreiffen wolte. ... Allein im Jahr 1385. vergaß Graf Dietrich des abgefasten Schlusses am ersten, und verübte neue Plackereyen gegen das Schloß Blanckenburg, und gegen die Graffen zu Reinstein. Solches klagten sie dem Kreise, welcher sogleich den Ertz-Bischoff zu Mayntz, Hertzog Otten an der Laine und Graf Heinrichen zu Hohenstein zu Richtern verordnete. Dieselbe zogen alsbald Graf Dietrichen im freyen Felde zur Verhör. Weil er nun überzeuget wurde, des gebrochenen Land-Friedens halber, blieb es bey dem Ausspruch der Todes-Straffe, welche auch folgendergestalt vollzogen wurde: Es gab ihm auf Obrigkeitlichen Befehle einer seiner Bedienten einen Streich mit der Wehre über den Kopff. Darnach durchstachen ihn die Umstehenden mit ihren Schwerdern; Drittens banden sie den Cörper an des Pferdes Zaum, und knüpften ihn an einen Busch, gleich als wenn er gehenckt wäre.

* * * * *

Hatte der Harzreisende noch bis ins 18. Jahrhundert hinein besagte Lexika oder andere Beschreibungen bzw. wissenschaftliche Abhandlungen rezipieren müssen, um seinen Weg durch das Gebirge gründlich im Geiste vorbereiten zu können, standen im Folgejahrhundert bereits Reiseführer im heutigen Sinne zur Verfügung. In immer größer werdender Zahl und in unterschiedlichen Varianten aufgelegt, ermöglichten diese eine sehr schnelle Information über die jeweiligen Orte und ihre Sehenswürdigkeiten. Zahlreiche praktische Tipps, Karten und Wegbeschreibungen sowie Empfehlungen in Sachen Kost und Logis ergänzten den Inhalt.

Zu einer Legende in diesem Genre sollte der 1907 erstmals als offizieller Führer des drei Jahre zuvor gegründeten Harzer Verkehrs-Verbandes herausgegebene sogenannte **Blaue Harzführer** *werden. 1938 erschien die 30. Auflage, und selbst nach dem Zweiten Weltkrieg wurde das beliebte Bändchen noch mehrere Male aufgelegt. In der bezeichneten Erstausgabe finden sich für den Brocken, für Schierke und Elend sowie für Ilsenburg und Wernigerode die nachstehenden Charakteristika:*

Nachgeschlagen

Der Brocken (1142 m). Der Brocken bietet vermöge seiner Lage als höchste Warte vor der Norddeutschen Tiefebene eine an klaren Tagen (namentlich Anfangs Oktober) ganz unvergleichlich schöne und ausgedehnte Fernsicht, die sich von Leipzig bis zu den Weserbergen, von Brandenburg bis zur hohen Rhön erstreckt. Bei der Besteigung des steinernen Aussichtsturmes schütze man sich möglichst vor den meist starken Winden. Der Verkehr ist infolge der Brockenbahn so bequem gestaltet worden, daß er zu Zeiten einer Völkerwanderung gleicht und manchmal t ä g ‑ lich auf Tausende – so unglaublich das klingt – bemessen werden kann. Infolgedessen stößt an solchen Tagen eine geregelte Verpflegung auf dem Brocken oft auf Hindernisse.

Auf dem Brocken befindet sich eine (nur Fachleuten zugängliche) meteorologische Station erster Ordnung, die während des ganzen Jahres wertvolle Beobachtungen anstellt. Zu besichtigen hätte man das Hexenwaschbecken, die Teufelskanzel und den Hexenaltar, ebenso den für Fachleute sehr interessanten botanischen Versuchsgarten.

Elend (520 m) preußisches Dorf mit 250 Einwohnern. Station der Harzquerbahn Wernigerode-Nordhausen. Kurfrequenz 1906: 1500 Passanten, 1300 Kurgäste. Luftkurort. Saison vom Mai bis September. Post. Telegraph. Fernsprecher (Amt Schierke). Elektrisches Licht. Wasserleitung. Kanalisation.

Schierke (650 m) preußischer Gutsbezirk mit 600 Einwohnern. Kurfrequenz Sommer 1906: 6035 Passanten, 5487 Kurgäste. Höhen-Luftkurort. Saison Sommer und Winter. Bahn (im Winter Station Elend). Post. Telegraph. Fernsprecher. Elektrisches Licht. Wasserleitung. Kanalisation.

Ilsenburg (238 m) preußischer Flecken mit 4544 Einwohnern. Kurfrequenz 1906: 9000 Passanten, 6000 Kurgäste. Luftkurort. Bahn. Post. Telegraph. Fernsprecher. Elektrisches Licht. Wasserleitung. Teilweise Kanalisation.

Wernigerode (235 – 517 m) (mit Hasserode) preußische Stadt mit 18 000 Einwohnern. Kurfrequenz 1906: 3669 Kurgäste. Passanten werden nicht gezählt. Luftkurort und Sommerfrische. Gr. Luft-Sonnenbad. Bahn. Post. Telegraph. Fernsprecher. Gas. Wasserleitung. Teilweise Kanalisation.

Blick durch das Bodetal zum Brocken, aquarellierte Zeichnung von Albert Hertel, 1871

Nachgeschlagen

Wer es im 19. bzw. im beginnenden 20. Jahrhundert genauer wissen wollte, dem standen in jener ersten Hochzeit der Konversationslexika auch umfangreiche und vielbändige Kompendien zur Verfügung. Genannt sei an dieser Stelle der bekannte „Brockhaus", der zwischen 1796 und 1895 insgesamt 14 Auflagen erlebte. Das Konkurrenzprojekt **Meyers Konversations-Lexicon. Eine Encyklopädie des allgemeinen Wissens** *erschien ab 1874 in seiner dritten und gänzlich überarbeiteten Ausgabe und umreißt die Situation zu Beginn der Gründerjahre unter den Stichworten Brocken und Wernigerode wie folgt:*

Brocken (*Mons Bructerus*, in der Volkssprache auch B l o c k s b e r g genannt), die höchste Kuppe des Harzes, 1143 Meter hoch, liegt auf preuß. Gebiet in der Grafschaft Stolberg-Wernigerode, 850-880 Meter über der nur acht Kilom. entfernten Ebene von Ilsenburg und ca. 500 Meter über dem südöstlichen Plateau, und ist der Mittelpunkt des nach ihm genannten B r o c k e n g e b i r g e s , das etwa 110 QKilom. bedeckt und die Hauptmasse des Oberharzes bildet. Der B. erhebt sich in Form eines Kugelsegments, jedoch näher am Nordrand des Gebirgsplateau's als am Südrand und auf der Nordseite beträchtlich steiler abfallend als auf der südlichen. In seiner Umgebung liegen, zum Brockengebirge gehörig, mehrere bedeutende Berge, wie die Heinrichshöhe (1037 Meter), der Königsberg (1029 Meter), der Wormberg (970 Meter), die Achtermannshöhe (924 Meter) etc., deren Form ebenfalls die des Kugelsegments ist und welche muldenförmige Thäler umschließen. ... Im Brockengebirge selbst nehmen die Ocker, Radau, Ecker, Ilse (zur Weser) und die Holzemme und Bode (zur Elbe) ihren Ursprung.

Seine Entstehung verdankt der B. einer Erhebung des Granits, der die Schichtung des Uebergangsgebirges, welches die Masse des ganzen Harzes ausmacht, hob, sprengte und aufbrach. Die Granitmasse des Brockens wird von den Uebergangsgebirgen (Gneis, Glimmer und Thonschiefer, Grauwacke) mantelförmig umlagert. ... An Erzlagerstätten ist der B. arm; der Erzreichthum des Harzes gehört den Uebergangsgebirgen an. Von größerer ökonomischer Wichtigkeit sind die Torfmoore in den muldenförmigen Thälern, welche die Höhen des Brockengebirges trennen und lebhaft bebaut werden. Der B., dessen Höhe im Vergleich mit den Hochgebirgen Süddeutschlands unbedeutend erscheint, war doch für das germanische Flachland ein Riese und in der Sagenzeit nordisch-germanischer Völker die gepriesene Wohnung der Götter. Dort standen ihre Altäre, dort sammelten die Priester und Zauberer die Scharen der Opfernden. ... Die erste Mainacht (Walpurgis) ward der Hauptfeier gewidmet, und die Besessenen aller Länder trieben dann hier oben ihr Wesen. Nachklänge dieser Feier leben noch als Sage und Märchen im Volke fort. – Die Brockenspitze ist im Sommer das Ziel sehr zahlreicher Reisenden; man schätzt die Summe der jährlichen Gäste auf 6000. Zwei Fahrstraßen gehen vom Fuß des Brockengebirges hinan, eine von Schierke und Elend aus dem Bodethal, die andere von Ilsenburg; doch wird der B. meist von Fußgän-

Nachgeschlagen

gern bestiegen, und von allen Seiten winden sich gute Pfade hinan. Der Gipfel des Berges, auf dem in der Regel von November bis Juni Schnee liegt, ist eine etwa zwei Kilom. im Umkreis haltende unebene, baumlose, mit Granitblöcken bedeckte Fläche, auf der ein (1860 neuerbautes) Gasthaus nebst einem Thurm steht, von welchem man eine herrliche Rundschau bis zu 60 Kilom. im Halbmesser (bis zum Thüringer- und Habichtswald, Magdeburg etc.) genießt. Jedoch ist der Horizont nur selten ganz rein, und die Brockenspitze selbst, die eine ungemein große Anziehungskraft für die Wasserdünste der Atmosphäre hat, ist sehr häufig in Wolken gehüllt.

Im Umkreis von einer Viertelstunde um das Haus sind auch die meisten Merkwürdigkeiten des Brockens vereinigt: die T e u f e l s k a n z e l, der H e x e n a l t a r etc., große Granitblöcke, welche aus dem Rohen zu Tage anstehen, dann das sogen. S c h n e e l o c h, eine tiefe, die nordwestliche Seite des Brockenkopfes spaltende Kluft, wo man im Hochsommer die botanischen Erscheinungen aller Jahreszeiten antrifft; dort wächst auch die schöne B r o c k e n b l u m e (*Anemone alpina* L.), die Königin der Bergflora in der obern Region. Einen seltsamen Eindruck macht die Erscheinung des sogen. B r o c k e n g e s p e n s t e s, das in nichts anderem besteht, als in den Schattenbildern von Haus und Menschen in einer östlichen Nebelwand bei Sonnenuntergang. Das B r o c k e n f e l d ist eine 992 Meter hoch liegende, über 7 Kilom. lange, etwa 5 Kilom. breite Sumpffläche mit mächtiger Torfbildung, die, mit Moos und Heide bekleidet, mit Felstrümmern übersäet ist und die Bode, Ocker, Radau und Oder speist.

Steinzeichnung vom „Brockengespenst", um 1910

Nachgeschlagen

Wernigerode, standesherrliche Grafschaft am Harz, den Grafen von Stolberg-W. gehörig, sonst zum oberflächlichen Kreis gerechnet, zwischen Halberstadt, Grubenhagen und Wolfenbüttel, bildet seit 1825 einen Kreis des preußischen Regierungsbezirks Magdeburg, umfaßt 278 QKilom. (5,05 QM.) und hat in einer Stadt, 2 Flecken, 12 Dörfern und 2 Gutsbezirken 23,350 Einw.

Der nördliche Theil der Grafschaft bildet eine nur von einigen Anhöhen unterbrochene Ebene, der südliche umfaßt den höchsten Theil des Harzes mit dem Brocken, dem Ilsethal und großen Waldungen. Der Hauptort der Grafschaft und des Kreises ist die S t a d t W., an der Holzemme und am nördlichen Fuß des Harzes, durch eine Zweigbahn bei Heudeber mit der Linie Halberstadt-Vienenburg der Magdeburg-Halberstädter Eisenbahn verbunden, ist Sitz eines Landrathsamts und einer Gerichtsdeputation, hat 3 evangel. Kirchen (darunter die Sylvesterkirche mit vielen Denkmälern), ein Gymnasium, Waisenhaus, ein altes Rathhaus, Holzstoff-, Cichorien- und Chokoladenfabrikation, ein Dampfsägewerk, Holzhandel und (1875) 7577 Einw.

Neben der Stadt liegt auf einem 260 Meter hohen Berg das gräfliche Residenzschloß mit Bibliothek von 60,000 Bänden, Gemäldegallerie, Naturalienkabinet und Thiergarten. – Die Grafschaft hatte vor Zeiten eigene Grafen, unter denen Konrad II. 1268 die Grafschaft den brandenburgischen Markgrafen aus dem askanischen Haus zu Lehen auftrug. Nach deren Erlöschen folgte das Erzstift Magdeburg in der Lehnshoheit. Als aber die Grafen von W. 1429 ausstarben, fiel die Grafschaft an den Grafen Bodo II. von Stolberg, welcher mit der Erbtochter des letzten Grafen, Heinrich IV., vermählt war. 1807 kam W. an Westfalen und ward Standesherrschaft; 1813 fiel es wieder an Preußen, wo es seit 1826 als Standesherrschaft einen Kreis des Regierungsbezirks Magdeburg bildet.

Die Grafen von W. besitzen außerdem einen Forst des Amts Hohenstein, den Sophienhof und den Forsthof Rothehütte, unter großherzoglich hessischer Landeshoheit das Amt Gedern im Kreis Nidda (69 QKilom. oder 1 ¼ QM. mit 3700 Einw.), ferner den Markflecken Schwarza im Kreise Schleusingen des Regierungsbezirks Erfurt, die Herrschaften Peterswaldau und Jarnowitz im Kreise Schönau des Regierungsbezirks Liegnitz und andere Güter in Schlesien.

Im Stil des zukunftsweisenden Industriezeitalters wurden diese Artikel ganz rational und nüchtern formuliert. Wernigerode hatte zwar erst 1872 und damit kurz vor Erscheinen des Lexikons vergleichsweise spät einen Eisenbahnanschluss erhalten, befand sich jedoch damals wie das umliegende Gebiet insgesamt in einem stürmisch verlaufenden und alles verändernden Strukturwandel – seinerzeit entstand jene Kombination, die die Region bis heute auszeichnet: die Mischung von Industrie und Fremdenverkehr, von der Bewahrung des Überkommenen und gelungener Innovation.

* * * * *

Dem Harzreisenden zur Beachtung

„Sollte der Reisende hier oder dort einmal von einer neckischen Harzerin oder von einem muthwilligen Poch- oder Köhlerbuben zur Zielscheibe des Witzes oder Spottes auserwählt werden, so suche er durch Aufmunterung zu mehr derartigen Reden und durch große Heiterkeit, aber nicht durch Ernst oder gar Zorn, die spitze Zunge der Spottvögel zu stumpfen."
August Ey, 1855

Ansicht des Brocken von Osten.
Kupferstich, 1740
1. Großer Brocken.
2. Kleiner Brocken.
3. Das Städtchen Ilsenburg.
4. Das Lutherische Frauenstift und das Amt Drübeck.
5. Die Dörfer Olenrode und Dalligerode.
6. Das Amt Hasserode.
7. Die Stadt Wernigerode.

Dem Harzreisenden zur Beachtung

Vor dem Hintergrund all der Logistik und Bequemlichkeiten, die dem Touristen der Gegenwart zu Diensten stehen, ist es nur schwer vorstellbar, welche Strapazen und Unwägbarkeiten den Harzreisenden noch bis weit in das 19. Jahrhundert hinein auf seinen Wegen begleiteten. Weder Schienenstränge noch asphaltierte Straßen ebneten den Anstieg ins Gebirge.

Bis Graf Christian Friedrich zu Stolberg-Wernigerode im Jahre 1800 direkt auf der Brockenkuppe ein Wirtshaus mit zwölf beheizbaren Stuben eröffnen ließ, bot den Bezwingern des höchsten Harzberges dort oben einzig eine kleine steinerne Hütte Schutz vor Wind und Wetter. Jenes „Wolkenhäuschen" hatte der Großvater des Stolbergers, Graf Christian Ernst, erbauen lassen. Er war es auch, der in seiner von 1710 bis 1771 währenden und damit überaus langen Regierungszeit die beiden Wege anlegen ließ, die von Ilsenburg bzw. Schierke auf den Gipfel führten und sogar befahren werden konnten.

Eingedenk jener vergleichsweise schwierigen Bedingungen ist es allzu verständlich, dass die Verfasser der frühen gelehrten Schriften über den Harz ebenso wie die Autoren der späteren Reisehandbücher nicht mit Hinweisen sparten, die sie ihren Lesern buchstäblich mit auf den Weg gaben. Nachstehend aufgeführte, ausführliche und praktische Tipps für die „Brockengänger" formulierte schon im Jahre 1744 der Rektor der Klosterschule Ilfeld **Albert Ritter***:*

Alle Wege, welche dahin führen, sind unwegsam, uneben, voller Steine und Felsen, daneben sumpfig, teils abhängend, teils steil und überall lang und beschwerlich: dahero die Bewohner des Harzes, wann sie einen alles böse wünschen, zu sagen pflegen: „geh an Brocken; daß du an Brocken wärest."

Es müssen aber die curieusen Wanderer die rechte Zeit wahrnehmen, wann sich der Blocksberg am besten besteigen läßt, denn was würde es ihnen helfen, wenn sie alle Beschwerlichkeiten der Reise ausgestanden hätten und die Witterung des Jahres erlaubete ihnen weder Himmel noch Erde zu betrachten, da doch diese Anblicke eben diejenige vortreffliche Schaubühnen sind, welche uns alle Beschwerden und Ungelegenheiten des Weges in Vergessenheit bringen.

Ein solcher Brockengänger nun muß mit tüchtigen Schuhen und keinen engen Beinkleidern, wegen der vielen steinigten und sumpfigen Wege versehen sein, er muß auch ein leichtes Kleid anhaben, weilen einen die vielen Kluften und beschwerlichen Wege den Schweiß über und über auspressen; nicht weniger muß er einen Regenmantel vor den dicken Dünsten und der feuchten regnichten Luft, inglichen einen Pelz oder andern dicken Rock, sich der oben auf dem Berge wehenden kalten und heftigen Winde zu erwehren, bey sich führen, auch einen tüchtigen Stock in die Hand nehmen, wann der Fuß etwa ausgleiten sollte. Ferner muß er ein gutes Feuerzeug bei sich stecken, damit er Licht anzünden und eine Pfeife Toback rauchen könne, teils Zeit und Reise sich kurz und angenehm zu machen, teils die bösen und schädlichen Dünste zu vertreiben.

Kann er sich auch mit gekochten, gebratenen oder geräucherten Speisen, einigen Flaschen guten Wei-

Dem Harzreisenden zur Beachtung

ne und Brandtwein versehen, so werden diese Dinge zur Labung und Erquickung seiner müden Glieder nicht wenig beitragen; wo nicht, so wird auch ein Stück Käse und Brodt, als der Gesunden beste Speise, und ein Trunk süßen, klaren und frischen Wasser, (welches man hier gewiß von solcher Güte antrifft, daß man sich darinnen nicht satt trinken kann) einem hungrigen Magen ebenso gut schmecken. Endlich wird er sich nach einer guten umgänglichen Gesellschaft umtun müssen, dann ein gesprächiger Gefährte, ist sonderlich auf diesem Wege so gut als ein Fuhrwerk.

Überhaupt war es die Wanderung zu Fuß, die die Kundigen den Harzreisenden wieder und wieder empfahlen. Ein Mann, der es in der zweiten Hälfte des 18. Jahrhunderts sehr genau wissen musste, war der 1750 in Wernigerode geborene **Christian Friedrich Schroeder**. *Der studierte Jurist und später im Dienste des Hauses Stolberg-Wernigerode stehende Amts-Kommissarius machte sich allerdings nicht als Beamter einen bleibenden Namen, sondern vielmehr als Naturwissenschaftler und Harzkenner. In seiner 1796 in zweiter und erweiterter Auflage erschienenen Schrift* **Naturgeschichte und Beschreibung der Baumans- und besonders der Bielshöhle wie auch der Gegend des Unterharzes worin beide belegen sind** *gab er im bezeichneten Kontext nachstehendes Plädoyer ab:*

Ich sage: zu gehen! denn die eigenen Füße sind das beste Fuhrwerk auf dem Harze. Man kömmt zu Fuß geschwinder fort als zu Wagen.

Sind dieses Wagen aus dem Lande, oder von keiner rechten Festigkeit, so leiden sie im Harzgebirge, bey den felsigten, schlechten Wegen und an den steilen Bergeinhängen leicht Schaden; oder man bleibt, wenn sie nicht mit hohen Rädern und härzischer Entfernung derselben von einander versehen sind, leicht in den hohlen Wegen und zwischen Felsen stecken.

An sanftes Fahren ist auf dem Harz gar nicht zu gedenken, und wer frey sitzen, sich von allem gehörig unterrichten, sich umsehen will, der bereise den Harz zu Fuß. Dies ist auch jetzt so allgemein der Fall, daß man unter funfzig, die den Harz zum Vergnügen bereisen, kaum einen zu Pferde oder zu Wagen antrifft.

Dem Harzreisenden zur Beachtung

*War auch die Zahl derjenigen, die das Gebirge und in Sonderheit den Brocken seinerzeit erfahren wollten, vergleichsweise gering, so hatte **Schroeder** denen dennoch in der bereits 1785 verlegten und sehr bemerkenswerten **Abhandlung vom Brocken und dem übrigen alpinischen Gebürge des Harzes** Folgendes geraten:*

Es ist nothwendig, daß die Brockenpilgrimme, welche sich zu ihrer Reise eines **Fuh**rwerks bedienen wollen, in Wernigerode so wohl ihren Wagen als die Pferde und den Fuhrmann wechseln. Hier nimmt man starke, mit hohen Rädern auch wohl einem halben Verdek versehene, auf 5 bis 6 Personen eingerichtete Wagen, mit denen man in den holen Wegen und engen Schlüften der Felsen und Klippen nicht hangen bleibt; einen des Weges und seiner gefährlichen Stellen kundigen Fuhrmann, und Pferde, die gewohnt sind, in Klippen sicher zu gehen. Für eine solche Brockenfuhre mit 4 Pferden (die man nöthig hat) werden sechs Thaler verlangt.

Ein ländlicher Wagen, und besonders eine Kutsche kömmt nicht nach dem Brocken herauf, und ein Versuch damit wird nicht ohne Umwerfung, Einklemmung oder Zerbrechung des Wagens abgehen. Stimmet die Entfernung der Räder eines Wa-

Hohneklippen mit Blick nach dem Brocken, um 1910

Dem Harzreisenden zur Beachtung

gens von einander, nicht genau mit der Wagenspur des Gebürges überein, entweder daß die Räder von einander zu weit entfernt, oder einander zu nahe stehen; so klemmt sich der Wagen in den holen Felsenwegen, als in welche ein langjähriges Fahren mit schweren Lasten fußtiefe Gleisen eingeschnitten hat. Gemeiniglich sind die Landgeschirre für die Wege des Gebürges zu weit. Die des beschwerlichen Bergsteigens ungewohnten Pferde auf dem Lande ist man in Gefahr auf einer Brockenreise zu verderben, und ein Landfuhrmann ist bey weiten nicht dazu geschickt oder erfahren, sich in den oft fürchterlich hängenden, oft steilen und engen Wegen zu helfen.

Gute Gründe, wohl doch eher die eigenen Füße zu benutzen! Dies sah auch **Christian Wilhelm Spieker** *so, der als Student im Jahre 1800 eine Harzwanderung unternommen hatte. 1850, im Jahre seiner Goldenen Hochzeit, war er als „Dr. der Theol. u. Philos., Superint., Professor, Ritter etc. etc." zu einer zweiten Tour in das Mittelgebirge aufgebrochen. Die Eindrücke beider Unternehmungen stellte er 1857 dem Publikum in einem Buch unter dem Titel* **Der Harz, seine Ruinen und Sagen. Zwei Reisen in den Jahren 1800 und 1850** *vor. Spiekers Argumente für das Wandern, das er besonders der Jugend ans Herz legte, lesen sich so:*

Da kann man rechts und links vom Wege abgehn und alle Dinge genau betrachten; da kann man bleiben, wo es einem gefällt, und weiter wandeln, wenn's einem unbehaglich ist; da kann man im klaren See sich baden, in das gastliche Pachterhaus eintreten und in das heilige Dunkel tiefer Waldeinsamkeit eindringen; da kann man hinaufsteigen auf den Gipfel des Berges und ruhen im Schatten der reichbelaubten Eiche; da kann man der Natur in allen ihren Launen und den Menschen in allen ihren Lebensweisen näher treten; da erquickt die müden Glieder der Schlaf auf dem Heuboden und stärkt das frische Wasser aus dem klaren Waldbach; da schwatzt man traulich mit dem Wandersmann, der in Ungarn und Polen gewesen und seltsame Abentheuer erlebt hat und mit dem flinken Mädchen, das dem freundlichen Burschen, wie die hehre Rebecca dem müden Elieser, gern einen Trunk frischen Wassers aus dem Brunnen schöpft; da schaut man ungehindert den blauen Himmel an mit seinen wundersamen Wolkenbildungen und die Erde mit ihren Blumen und Käfern, Würmern und Schmetterlingen. Eine unscheinbare Gesellschaft, ein gelegentlicher Spaziergang, ein malerisches Bauernhaus in romantischer Umgebung, ein ländliches Fest, ein treuherziger Hirtenknabe erheitern das Herz oft mehr und gewähren mehr Genuß als hochgebildete Leute und die Schätze des grünen Gewölbes. Da wird kein Pferd lahm, da wirft kein betrunkener Hauderer den Wagen um, da mephytisirt kein Knoblauchfresser den engen Raum der Postkutsche, da läßt kein theurer bedungener Fuhrmann stundenlang auf sich warten und keine unliebenswürdige Reisegefährtin auf gemeinschaftliche Kosten bepackt uns mit ihren Schachteln, Kisten und schreienden Kindern.

Dem Harzreisenden zur Beachtung

Den Argumenten Spiekers für das Wandern schlossen sich viele andere Autoren an; doch wie man eigentlich wandern sollte, das verrieten nur wenige. **Theobald Grieben**, *der in Berlin eine Reise-Bibliothek verlegte, die 1859 bereits 40 verschiedene Bände umfasste, tat es. Das von ihm „nach eigener Anschauung und besten Hilfsquellen" selbst erarbeitete* **Illustrirte Handbuch für Reisende in den Harz** *war im gleichen Jahr bereits in sechster verbesserter Auflage erschienen. Ein Gutteil der Gründe für den Erfolg des Bändchens sind sicher in den zahlreichen nützlichen Informationen zu suchen, die der Verfasser unter der Rubrik „Winke für Reisende" an seine Rezipienten weitergab. Zum Thema richtig wandern schrieb er unter anderem:*

Als *Gefährten* wähle man daheim einen oder höchstens zwei Freunde; allein zu wandern, ist wenig verlockend, und auf den Anschluss fremder Genossen unterwegs zu rechnen, nicht immer rathsam. Ebenso lästig kann eine grössere Gesellschaft werden, denn gerade auf Reisen wird das Sprichwort: „viel Köpfe viel Sinne" zur empfindlichen Wahrheit, wie auch in solchem Falle überfüllte Gasthäuser, besetzte Posten etc. störend werden können. In einsamen Berg- und Waldgegenden beobachte man Fremde, wenn sich solche unberufen anschliessen sollten, scharf, und lasse sie nie aus den Augen.

Ein Hauptreiz für *Fussreisende* besteht in der Abwechselung: alle schönen Partien zu Fuss durchpilgern, öde Landstrassen im Wagen durchfliegen, Eisenbahnen benutzen, wo sie sich bieten, hie und da einen Ruhepunkt wählen – das erhält frisch an Leib und Geist und bringt vom Fleck. Nur dem Fusswanderer erschliessen sich die köstlichsten Schätze des Gebirges, und nur ihm wird das behagliche Gefühl zu Theil, welches sich nach wackerem Tagesmarsche einstellt und durch nichts Anderes auf der Reise aufgewogen wird. Diese Ermunterung gilt auch für Damen, die im Allgemeinen besser zu Fuss sind, als sie sich Anfangs zutrauen, und im Marschiren schnell eine Meisterschaft erlangen, wenn sie nur die erste Scheu überwunden. Freilich ist hierin Maass zu halten, und es sollte kein Tourist seine Wanderung über 7 oder 8 Stunden täglich ausdehnen, in den ersten Tagen sogar noch eine Stunde weniger daran setzen. Bestimmte Zielpunkte unter allen Umständen erreichen wollen, ohne dadurch wesentliche Vortheile zu erzielen, ist ein verfehltes Streben, das sich andern Tags durch Schlaffheit des Körpers und Geistes straft. Gerade die Ungebundenheit in dieser Beziehung übt grossen Reiz; man geniesse das Schöne, was sich bietet, in vollen Zügen und mit ganzer Ruhe, um sich in der Erinnerung noch Jahre lang daran zu erquicken. Zum Wandern wähle man namentlich die frühen Morgenstunden, ehe die Hitze zu gross wird, und ruhe zu Mittag einige Stunden aus, um gestärkt und mit neuen Kräften in den späteren Nachmittagsstunden die Reise fortzusetzen. Des Nachts zu wandern, bleibt durchaus unrathsam. Es ist eine alte gute Regel, dass man gleichmässig und nicht zu schnell schreite, sich nicht oft ruhe, lieber, die Ruhepunkte selten und von längerer Dauer wähle, auch vieles Trinken von Wasser vermeide. Beim Bergansteigen sei man nicht zu eifrig; ein von

Wegenetz zwischen Ilsenburg und Brocken in der Mitte des 19. Jahrhunderts

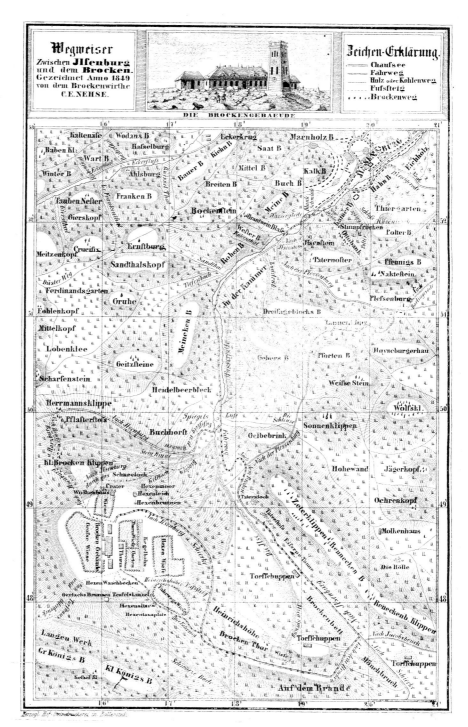

Dem Harzreisenden zur Beachtung

Anfang an gleichmässig begonnener und anhaltender, gemächlicher Schritt (mit gebogenen Knieen) bringt schneller und besser ans Ziel, als zu grosse Hast, der nur allzu früh Halt geboten wird. Ueberdies mag man nicht vergessen, dass auch das Bergabsteigen tüchtige Kräfte fordert, daher man vorher nicht zu verschwenderisch mit ihnen verfahre. Abends treffe man nicht zu spät, jedenfalls vor einbrechender Dunkelheit, in den Gasthäusern ein, um noch einige Stunden zur gemächlichen Ruhe vor sich zu haben und nicht sogleich nach der Ankunft erhitzt, abgemattet und mit vollem Magen ins Bett steigen zu müssen. Auf Höhepunkten muss man zeitig vor Sonnenaufgang oder besser vor Sonnenuntergang ankommen, um gehörig abgekühlt zu sein und mit Musse dem Schauspiel beizuwohnen. Oben, wo stets eine mehr oder weniger scharfe Zugluft weht, ist die Benutzung der mitgeführten Ueberkleider und des Shawls dringend geboten; auch trete man sofort in Schutz oder bleibe nöthigenfalls in dauernder Bewegung, bis man völlig abgekühlt ist. Dies gilt auch von Höhlen und engen Thälern. Erkältungen, die sich ausserordentlich schnell einstellen, können leicht die ganze Reiselust vereiteln. Kräftige erwärmende Tropfen sollte der Reisende darum stets bei sich führen.

Mit den *Mahlzeiten* sei man vorsichtig. Fette Speisen, fette Milch und hitzige Getränke fördern die Trägheit und Unbehaglichkeit; salzige Speisen erzeugen Durst, zu dessen Befriedigung sich nicht immer Gelegenheit findet. Vieles Trinken erhöht die Transpiration und kann bei Fusswanderungen an heissen Tagen zur unerträglichen Last werden. Bei frühzeitigem Aufbruch ein bescheidenes Frühstück einnehmen, nach einigen Wanderstunden eine tüchtige Mahlzeit geniessen und am Abendtisch (nicht zu spät) die Hauptschlacht liefern – das giebt Kraft und weckt Behagen. Frisches Fleisch, Suppe und ein Glas guten Weins oder Biers stehen hier in erster Reihe; in abgelegenen Orten müssen Eier, Fische, Geflügel, so wie ein Glas frischen Wassers (am besten mit Rum, Zucker und Eidotter vermischt)

Blick vom Brocken zum Wurmberg

ihre Stelle vertreten; zerhacktes Fleisch und Aehnliches ist dort wie überall zu meiden.

Das Wandern nach starker Mahlzeit ist nicht rathsam, ebenso wenig das plötzliche Niederlegen nach starken Tagesmärschen. Ein allmäliches Hingeben zur Ruhe und Abkühlen des Körpers, dann Waschen mit kaltem Wasser, wohl auch der Füsse mit Kornbranntwein, Seifen-Spiritus oder Rum, weckt schnell die Lebensgeister wieder. Sind die Füsse wund geworden, so ist Einreiben mit Hirschtalg ein vortreffliches Mittel; auch einige Tropfen Collodium leisten hierbei, wie bei etwaigen Schnittwunden, gute Dienste. Man umwickele alsdann die Füsse mit Leinwand, lege sich zur Ruhe und reinige sie andern Tags vollends, ehe man die neue Wanderung beginnt. Warme Fussbäder taugen nichts. Blasen sind nicht aufzuschneiden, sondern vermittelst einer Nadel mit einem Seidenfaden zu durchziehen, der etwa zolllang an jeder Seite heraussieht. Gegen den sogenannten Reisewolf sind Talg (Unschlitt) und Waschen mit kaltem Wasser die besten Mittel. Ist der Körper nach starken Excursionen sehr angegriffen und erhitzt, so wirkt ein Schluck Branntwein aus der mitgenommenen Feldflasche neu belebend; auch ein mit Kirschwasser getränktes Stück Zucker erweist sich gut. Gegen Trockenheit im Munde beim Wandern schützt ein grüner Windhalm.

Dass Grieben als Berliner und Großstädter an gleicher Stelle seinen harzwanderlustigen Lesern ziemlich genaue Empfehlungen zur Bekleidung und Ausrüstung lieferte, überrascht kaum. Dass er dabei aber seine Worte auch und speziell an potentielle Wanderinnen richtete, dürfte das Gros seiner Zeitgenossen, die ja bekanntlich noch alles andere als emanzipatorisch eingestellt waren, verwundert haben:

Die Kleidung des Reisenden darf weder zu leicht noch zu schwer und muss vor Allem bequem und möglichst wasserdicht sein. Statt des übel angebrachten Luxus sei man bemüht, einfache, solide und dauerhafte Kleider zu tragen, welche auch in der Farbe nicht zu empfindlich sind und Staub, Regen und Schmutz ungefährdet aushalten. Dadurch wird zugleich die Mitnahme einer zweiten Garderobe überflüssig. Sich mit vielen Kleidern beladen, ist weder vortheilhaft noch angenehm. Man wird um so freudiger marschiren, je weniger die Reisetasche drückt. Viele Gegenstände, die zu Hause „unentbehrlich" sind, kann man für die kurze Reise zurücklassen; der Mangel einzelner Bequemlichkeiten wird durch den Vortheil einer durch nichts gehemmten freien Bewegung reichlich aufgewogen. Wir würden zu folgendem Gepäck rathen: eine feste lederne Tasche, auf dem Rücken getragen, ist einem Ränzel vorzuziehen, dessen Tragriemen auf Schulter und Brust ruht. Darin packe man: 1 bis 2 Hemden (Gelegenheit zum Waschen findet man überall), 2 Paar fehlerfreie baumwollene oder Vigogne-Strümpfe (vielleicht 1 Paar wollene), einige Taschentücher, 1 Paar leichte Hausschuh, 1 wollenen Shawl, 1 kleine Kleiderbürste, 1 Zahnbürste, 1 Kamm, 1 Stück Seife, 1 Rasirmesser, 1 Feuerzeug,

Dem Harzreisenden zur Beachtung

Schreibmaterial, Nähutensilien, alte Leinwand, Rhabarber und kräftige erwärmende Tropfen gegen eintretendes Unwohlsein, Tabak und ein nicht zu feines Taschenmesser. Man wandere in einem leichten bequemen Sommerrocke und ziehe darüber einen festeren Tuchrock, sobald kalte Witterung eintritt oder die Zugluft auf den Berggipfeln so wie in den Höhlen dazu auffordert. Auch trage man mittelstarke, jedenfalls tuchene Beinkleider ohne Sprungriemen (Stege) und eine Weste, die sich bis an den Hals zuknöpfen lässt; doch zwänge man letzteren nicht durch steife Binden oder Vatermörder ein. Endlich feste und bequeme Stiefel oder Kamaschen-Schuh mit kräftigen doppelten Sohlen, wohl auch mit Nägeln beschlagen (leichte Stadtstiefel und Ueberschuh sind durchaus unbrauchbar), ein leichter grauer Filzhut oder eine tuchene Mütze – so ist der Wanderer vom Fuss bis zum Kopf gehörig ausgerüstet. Dass ein Stock, eine Uhr, Brieftasche und Passkarte nicht fehlen darf, versteht sich von selbst. Wer sich ausserdem mit einem Fernrohr tragen will, wird allerdings manchen erhöhten Genuss haben, doch dürfte aus dem Umstande, dass sich ein solches an schönen Aussichtspunkten fast immer findet, davon abzurathen sein. Ebenso ist die Mitnahme eines Taschen-Compasses wohl nur einer kleinen Zahl von Reisenden erwünscht. Dagegen leistet ein Regenschirm, der zugleich die Stelle eines Stockes vertritt und gegen die Sonne Schutz gewährt, so wie eine Flasche in Leder oder Korbgeflecht mit (nicht süssem) Branntwein um die Schulter gehängt, die erspriesslichsten Dienste. Ueberhaupt mache man es sich zur Pflicht, in den Bergen nicht ohne Branntwein und Brot zu wandern: unerwartete Gelegenheiten werden nicht fehlen, wo sich beide als kräftigende Mittel, oft als Bedürfniss herausstellen.

Damen, welche eine Fusstour durch den Harz unternehmen (und eine solche bietet für sie keine grossen Schwierigkeiten), werden wohl thun, ein bequemes wollenes, schwarz-seidenes oder starkes dunkles Kattunkleid, einen Lederriemen zum Aufschürzen desselben, einen der Sonne und schlechten Witterung trotzenden Filz- oder Strohhut und feste lederne Stiefel mit doppelten Sohlen (am besten den Herrenstiefeln ähnlich) zu tragen. Die begleitende männliche Gesellschaft wird gewiss so galant sein, die bescheidene Zahl der Wäschestücke, ein Paar Hausschuh und ein warmes, wollenes grosses Umschlagetuch auf sich zu nehmen. Kann man es so einrichten, dass ein besonderer gefüllter Koffer (worin namentlich auch ein Paar leichtere Stiefel) einen oder mehrere Tage vor der Ankunft der Fusswanderer an bestimmten Orten eintrifft, so ist dies eine Annehmlichkeit; man findet in den Gasthöfen der Städte leicht Gelegenheit zur Weiterbeförderung. Im Allgemeinen aber können wir nur wiederholen: je weniger Gepäck, desto freier und fröhlicher des Reisenden Gemüth; es sollte das gefüllte Ränzel nie schwerer als 4 bis höchstens 6 Pfund wiegen.

Bei aller Begeisterung für das Wandern stellte Grieben auch denjenigen eine erfolgreiche Harzreise in Aussicht, die körperlich oder mental nicht so gut zu Fuß waren. Genau und mit den entsprechenden Preisen versehen, informierte er über „Lohnkutscher, Fahrposten und Omnibus" und beendete den entsprechenden Abschnitt mit dem Hinweis:

Dem Harzreisenden zur Beachtung

Maulesel und *Pferde* werden gewöhnlich nur zur Besteigung des Brockens und der Harzburg benutzt und sind in Harzburg, Ilsenburg, Schierke und Oderbrück zu finden. Bis zum Brockengipfel zahlt man etwa 1 Thlr. bis 1 Thlr. 5 Sgr. incl. Führerlohn, hin und zurück 1 Thlr. 20 Sgr., für eine gewöhnliche Tagereise 1 ½ Thlr., wobei sich der Führer selbst zu beköstigen und das Wegegeld zu entrichten hat.

Brockenreise auf Maultieren, Einblattdruck, um 1830

Vielen Harzern bot der stetig zunehmende Fremdenverkehr neue und lukrative Einnahmequellen. Lag es da nicht auch für einen Fuhrmann, Torfstecher oder Holzfäller nahe, sich zumindest ab und an als Führer oder Bote zu verdingen? Eigentlich müsste man nur die Wege und Stege seines Umlandes gut kennen, mag sich manch Einheimischer gedacht haben. Was folgte, waren mitunter in den Reisebüchern formulierte Klagen; der eine oder andere Autor riet seinen Lesern von der Nutzung jener Dienste regelrecht ab bzw. mahnte zur Vorsicht.

Bestens bekannt waren die Harzführer bzw. Boten und deren Arbeit dem vom regierenden Grafen zu Stolberg-Wernigerode eingesetzten Brockenwirt. Ab Mai 1834 bekleidete dieses Amt **Carl Ernst Nehse**. *Nach eigener Aussage selbst „kein Schriftgelehrter", kam er dennoch im Jahre 1840 dem Wunsch vieler seiner Gäste nach und veröffentlichte „zur Unterhaltung und zum Andenken" auf seine Kosten ein „Büchlein" mit dem Titel* **Der Brocken und seine Merkwürdigkeiten**. *Zum Ende des Abschnitts „Guter Rath für das Bereisen des Brockens" kann man hier erfahren:*

Außer den von Wernigerode über die steinerne Renne und den Rennekenberg, von Harzburg über den Scharfenstein, von Altenau über den Borckenkrug und von Braunlage über den Königsberg nach dem Brocken führenden Fußwegen, sind die übrigen Fahr- und Fußwege ohne Führer zu finden, da, wo Wege abgehen, oder sich durchkreuzen, Wegweiser angebracht sind, um dem Gaste dadurch die ganz unnöthige Ausgabe für einen Führer zu ersparen. Sollte der Reisende Gepäck bei sich führen, oder aus anderen Gründen durchaus einen Boten haben wollen, so ist zu rathen, daß er gleich bei dessen Annahme über den Lohn, der sich nach der zu tragenden Last, Weite und Beschwerlichkeit des Weges richtet, sich einiget, weil von diesen Leuten später oft unbillige Forderungen gemacht werden.

Dem Harzreisenden zur Beachtung

*Vor dem Hintergrund solcher und ähnlicher Auskünfte verwundert es nicht, dass die „Gräflich Stolberg-Wernigerödische Regierung" am 12. Dezember 1851 ein **Polizei-Reglement, die Harzführer betreffend** erließ, in dem unter anderem festgeschrieben wurde:*

§. 1.

Wer seine Dienste als Harzführer auf öffentlichen Straßen und Plätzen oder in Wirthshäusern anbieten will, bedarf hierzu ... einer polizeilichen Erlaubniß. ...

§. 3.

... die Erlaubniß zum Anbieten ihrer Dienste als Harzführer *[darf]* nur solchen Personen ertheilt werden, welche den allgemeinen Bedingungen für den selbstständigen Betrieb eines stehenden Gewerbes genügen, und welche außerdem den Behörden die Ueberzeugung von ihrer Unbescholtenheit und Zuverlässigkeit gewähren. Um als Harzführer für zuverlässig erachtet werden zu können, ist auch eine gehörige Bekanntschaft mit den Fahr- und Fußwegen und mit den Sehenswürdigkeiten des Harzes erforderlich. ...

§. 5.

Jeder Harzführer muß um den linken Arm ein grünes Blechschild mit der Aufschrift „Harzführer", dem Anfangsbuchstaben des Kreises, in welchem er seinen Wohnsitz hat, und der Nummer, unter welcher er in das vom Oberbeamten geführte Verzeichniß der Harzführer eingeschrieben ist, tragen, und auf eigene Kosten sich anschaffen. ...

§. 7.

Harzführer, welche sich auf öffentlichen Straßen und Plätzen oder in Wirthshäusern aufstellen, um ihre Dienste anzubieten, sind verpflichtet, den Anforderungen der Reisenden, das Führergeschäft zu übernehmen, nachzukommen. Sie haben sich in Bezug auf die zu nehmende Reisetour, sowie auf die Dauer des Aufenthaltes an den einzelnen Punkten, lediglich nach dem Willen des Reisenden zu richten.

§. 8.

Die Harzführer dürfen sich den Reisenden nicht aufdringen. Auch darf kein Harzführer einen andern bei den Reisenden zu verdrängen suchen.

§. 9.

Auf Verlangen der Reisenden haben die Harzführer das Gepäck derselben zu tragen. Jedoch ist kein Harzführer zum Tragen von mehr als 40 Pfund Gepäck verpflichtet. ...

§. 11.

Die Harzführer haben sich gegen die Reisenden anständig und höflich zu betragen und sich nicht dem Trunke zu ergeben.

*Pausierender Harzführer
Stich aus „Voyage
dans le Harz", 1862*

Dem Harzreisenden zur Beachtung

*Ob die Regierung in Wernigerode mit ihrem Polizei-Reglement die beabsichtigte Wirkung erreicht hat? Ein Mann, dessen Urteil man in dieser Hinsicht bestimmt vertrauen kann, ist **Gustav Adolf Leibrock**. Der Harzer und exzellente Harzkenner veröffentlichte insbesondere im zweiten Drittel des 19. Jahrhunderts zahlreiche Schriften über seine Heimat, darunter historische Abhandlungen über die Stadt und das Fürstentum Blankenburg sowie über das Kloster Michaelstein und Sagensammlungen. Dem Genre des Reiseführers fühlte sich Leibrock ebenfalls verpflichtet. So gehen auf ihn Bände über das Bodetal, den Brocken, Treseburg und den Harz insgesamt zurück. Sein **Wanderbuch für Harzreisende**, das 1870 nach zehn Jahren in zweiter und vermehrter Auflage in Goslar erschien, leitete er folgendermaßen ein:*

> Willst du dem Aktenstaube oder dem Schulstaube, dem Qualm der Fabriken oder dem Lärm der Großstädte eine Weile entfliehen, willst du deine häuslichen oder geschäftlichen Sorgen, willst du die unerquickliche Politik und die unerquicklichen Zahlen von dir abwerfen, willst du Körper und Geist stärken in der reinen erfrischenden Luft der Berge, – dann komm in unsern herrlichen Harz!

Es leuchtet ein, dass der Verfasser den Beamten und Schulmeistern, Fabrikanten und Großstädtern, die mit den Besonderheiten des Gebirges keineswegs so vertraut sein konnten wie er, „Rathschläge zur Beherzigung" mit auf den Weg gegeben hat, in denen er natürlich auch auf die besagten „Führer" zu sprechen kam:

1. Willst du Genuß von deiner Reise haben, soll sie dir eine Labung für den Geist, eine Erquickung für den Körper sein, s o   r e i s e   l a n g s a m ! Hüte dich, in deinen Plänen für einen Tag zu viele und zu starke Touren zu bestimmen. Begnüge dich lieber, e i n e Partie vollständig zu genießen, anstatt noch zwei oder drei andere an demselben Tage flüchtig zu durcheilen. ...
Nochmals: R e i s e   l a n g s a m ! Betrachte den Weg selbst als den nicht unwichtigsten Theil der Reise. Oft ist der Weg zu dem Orte, den du zu erreichen strebst, interessanter, als der Ort selbst.

2. Genieße vorzugsweise die M o r g e n s t u n d e n und den A b e n d und raste Mittags von 12–4 Uhr. Die Morgenstunden von 4 bis 7 Uhr, die Abendstunden von 6 bis 9 Uhr sind im Harze mehr werth, als der ganze übrige Tag. Sobald die Sonne hoch am Himmel steht, ist, abgesehen von der abspannenden Hitze, der Blick in die Ferne verschleiert; selbst die durch ihre köstlichen Fernsichten berühmten Punkte werden in der Regel den unbefriedigt lassen, der sie am sonnenhellen Mittage besucht, während sie ihn Morgens und Abends wahrhaft bezaubern.

Dem Harzreisenden zur Beachtung

3. Wandre, wenn deine Kräfte es gestatten, wenigstens von Zeit zu Zeit einmal eine Strecke zu F u ß e . ... Der Fußwanderer kommt in manche Berührung mit den Gebirgsbewohnern; er lernt nicht bloß den Harz, er lernt auch den H ä r z e r kennen, der dem Reisenden fremd bleibt, welcher hoch im Wagen an ihm vorüber rollt.

4. Frage nie nach dem n ä c h s t e n Wege, sondern nach dem interessantesten; vertraue aber dabei nicht allein deinem F ü h r e r, der in den meisten Fällen seine Bequemlichkeit mehr im Auge haben wird, als die Berücksichtigung deiner Wünsche.

Frage auch nicht deinen Führer oder deinen Miethkutscher, wo du logiren sollst; ihre Antworten sind selten unparteiisch. Engagire die Führer auch nicht auf weite Strecken; in den Partien, welche ihrem Wohnorte auf einige Meilen nahe liegen, sind sie bewandert, in den entfernteren bisweilen eben so fremd als du.

5. B e r g e e r s t e i g e l a n g s a m ! ermüdest du dabei, so ruhe aus auf windsicherer Stelle, ehe du den Gipfel erreichst. F e l s e n t h ä l e r mußt du, wenn es sich irgend mit deiner Tour verträgt, a u f w ä r t s wandern, den herabströmenden Gewässern entgegen; sie entfalten ihre Schönheit deutlicher vor deinen Augen, und du kannst sie mit mehr Ruhe anschauen, als wenn du die Felsenpfade abwärts klimmst und deine Aufmerksamkeit ganz deiner gefährlichen Bahn zuwenden mußt. ...

6. R u h e o f t, und schaue oft, recht oft um dich, theils wegen der Schönheit der Gegend, theils um dich zu orientiren. Auch wenn du fährst, lasse den Wagen oft halten und schaue zurück; jede Biegung des Weges verändert oft den Blick auf's Vollständigste.

7. Wenn dir es möglich ist, so trenne dich bisweilen einmal von deiner Gesellschaft und w a n d e l e a l l e i n, ganz allein eine Strecke durch den Wald oder durch das Hochgebirge. Der Eindruck dieser einsamen Wanderung wird ein mächtiger sein; du wirst ihn nimmer vergessen.

8. Kleide dich so l e i c h t wie möglich, wenn du zu Fuße wanderst ... Wenn du fährst, hast du auf wärmere Kleidung zu halten. In beiden Fällen ist als Kopfbedeckung eine leichte Sommermütze oder ein Strohhut mit Sturmband, durchaus aber kein Filzhut zu empfehlen. Ein Regenschirm, zugleich zum Schutz gegen die Sonne, leistet vortreffliche Dienste; er muß aber stark genug sein, um auch als Wanderstab zu dienen.

9. Ich warne dich nicht vor den kalten Harzquellen. Daß du, wenn du erhitzt bist und aus ihnen trinkst, dir den Tod zuziehen oder deine Gesundheit auf immer zerstören kannst, weißt du ohne mich. Hast du dich aber nicht erhitzt, bist du vollkommen kühl und unaufgeregt, dann magst du getrost den köstlichen Labetrunk annehmen, den diese Quellen dir bieten.

Du hast nicht zu fürchten, daß sie, wie viele gedruckte Harzführer besonders von den Brockengewässern fabeln, mineralische Bestandtheile enthielten, die dir schaden. Nur ihre Kälte schadet dem Erhitzten; dem Vorsichtigen bieten diese Bergquellen einen Genuß, wie kaum irgend ein anderes Getränk.

10. Sei stets mit Brod und etwas geistigem Getränk versehen.

Dem Harzreisenden zur Beachtung

Abgesehen von dem kleinen Seitenhieb auf die „Führer", wären es diese „Rathschläge" wohl wert, dass man sie den leider zu oft viel zu eilig reisenden Harzbesuchern der Gegenwart ans Herz legt.

Alle die in diesem Kapitel zitierten Hinweise und Ratschläge wurden von ihren Autoren mit Blick darauf notiert, dass die geneigten Leser willens waren, das Gebirge in der Zeitspanne von Frühjahr bis Herbst zu bereisen. Eine Wintertour durch den Harz galt bis ins ausgehende 19. Jahrhundert nicht unbedingt als empfehlenswert. Stellvertretend sei **Wilhelm Gröning** *zitiert, der in seinem 1850 in Bernburg verlegten und eigentlich recht modernen* **Taschenbuch für Harz-Reisende** *in Rückbesinnung auf die legendäre Brockenbesteigung eines großen Deutschen anno 1777 sehr deutlich formulierte:*

Eine Harzreise im Winter zu unternehmen, wie unser geniale Göthe, gehört in die Classifikation des Abnormen. Wenn aber die Bäche mit Eiskruste überdeckt sind, dann strömt Alt und Jung auf die glatten, unsichern Pfade.

Die Illusion wird verstärkt durch die mit Schnee bedeckten Berge und Klüfte, welche dem erstarrten Wasser die Laufbahn vorschreiben, indem sie dann ein Miniaturbild von Grindelwald oder Chamouny veranschaulichen.

Doch ein halbes Jahrhundert später schien das berühmte Eis in diesem Falle gebrochen zu sein. In Windeseile verbreitete sich um 1900 im Harz der moderne Wintersport, und mit ihm eröffneten sich dem Fremdenverkehr und dem Kurwesen völlig neue Perspektiven. Ein Mann, der von Anbeginn die sich somit für seine Heimat eröffnenden Chancen sah, war **Rudolf Stolle** *aus Bad Harzburg, Hofbuchhändler und Mitbegründer des 1904 geschaffenen Harzer Verkehrsverbands. Als dessen 1. Schriftführer brachte er 1908 den sogenannten* **Weissen Harzführer** *heraus, das winterliche Pendant zum „Blauen Harzführer". Sein leidenschaftliches Plädoyer für „Winterfrische und Wintersport im Harz" eröffnete Stolle mit der These: „Winter im Harz! Es ist eine schier unerfüllbare Aufgabe, über diesen Stoff »auf brieflichem Wege« Unterricht erteilen zu sollen." Er versuchte dies trotz der Selbstzweifel dennoch und kam dabei unter anderem zu folgenden Überlegungen:*

Wie Kriegsjahre doppelt zählen, so wirkt ein Winterfrischentag im Harz viel intensiver, nachhaltiger, kräftiger als ein manchmal nur erschlaffender Tag in der Sommerfrische, und zwar aus Gründen, auf die noch zurückzukommen sein wird. In leichten Fällen drei bis fünf Tage, bei schärferen Attacken eine bis zwei Wochen im winterlichen Harze – das wirkt geradezu Wunder. ...

Rechts: Winterstimmung am Brockengipfel

Dem Harzreisenden zur Beachtung

Aber die Einsamkeit, die Langeweile? Der Leser murre nicht: die Sache gestaltet sich ganz anders, als er wohl denkt und fürchtet. Zunächst handelt es sich um eine wirkliche »Ausspannung«, das heißt um eine mit Willenskraft durchzuführende, tunlichst vollständige Loslösung von Amt, Geschäft, Beruf. Nicht zu früh aufstehen, sehr früh zur Ruhe gehen: das ist schon eine Grundregel. Harzer Winterluft, die tagsüber natürlich fast unausgesetzt aufs ausgiebigste genossen werden soll, bewirkt einen tiefen, ruhigen, langen Schlaf. Sobald der sich einstellt, hat der nervöse oder überarbeitete Großstädter gewonnenes Spiel. Appetit, Stoffwechsel und Schlaf – die schaffen das Gleichgewicht des Körpers. Für das seelische Gleichgewicht braucht man nicht besorgt zu sein. Schnee und Berge; der Wind, der über die Höhen jagt; das beschauliche Wandern; der Mangel an Aufregung – das alles sind Heilfaktoren, die prompt ihre Schuldigkeit tun. ...

„Im Absprung auf Skis schwebend" aus Stolles Winterführer

Manche Leute tragen nun immer noch ganz unbegründete Bedenken wegen der großen Kälte in den Bergen. Das ist eine falsche Ansicht. Der Harz ist schneereicher wie die Ebene, keineswegs aber immer unbedingt kälter. Sehr oft ist das Temperaturmittel höher als in der freien Ebene. Vor allem aber wirken in den Bergen zwei Momente heilsam und gesundheitsfördernd: die Staubfreiheit und die Sonnenwärme. ... Der sogenannten »Erkältung« und den Katarrhen mit ihren unliebsamen Nebenerscheinungen ist man im Harz viel weniger ausgesetzt als in der Ebene. Das Tummeln in der frischen Luft, Sport und Bewegung härten ab. Sobald man nur die verweichlichenden Einflüsse der Stubenhockerei ausschaltet und sich in vernünftiger Weise allmählich an die veränderte Lebensweise gewöhnt, wird man bald merken, daß Luft und

Dem Harzreisenden zur Beachtung

Sonne im Winterharz auch dem schwächsten Körper die besten Dienste leisten. ...

Den »Leuten mit der sitzenden Lebensweise« mag die Sache im Anfang ja etwas sauer werden, und den Männern mit dem weitgespannten Schmerbäuchlein auch. Ueberarbeitete und Nervöse finden sich schon leichter mit dem Bewegungszwang ab. Es ist aber ein gewaltiger Unterschied, ob man in die verrußten, verräucherten Vororte der Großstadt hinausstapft, oder ob man in den herrlichen Harzbergen, unter Gottes reinem, freiem Himmel, angesichts der köstlichen Naturschönheiten wandern kann. Richtige äußere Stimmung – das tut's. Und keineswegs ist es da droben immer ganz einsam, auch wenn man keine ständigen Weggenossen hat. Förster und Waldarbeiter kommen und gehen, und wenn man Glück hat, begegnet man dem Herrn Landbriefträger, der immer zufrieden und gesund ist. Man sieht den Holzfällern zu und inspiziert das Holzaufladen auf die Abfuhrwagen. Abwechslung gibt's überall, und sei es auch nur, den sprichwörtlichen Fleiß der Schneeschaufler zu bewundern. Schwingt man sich schließlich zur Ausübung des Schneesports in irgend einer Form auf, so hat bald der Tag gar nicht mehr so viele lichterfüllte Stunden, als man braucht. Ist es erst so weit gekommen, daß man wegen der vielen dringenden körperlichen Arbeit keine Zeit zum Lesen und Schreiben findet und sich um die hohe und niedere Politik durchaus nicht mehr bekümmern kann, so beginnt die Harzer Winterfrische ihren Zweck zu erfüllen.

Unter den zahlreichen „Winterfrischen", die Stolle in seinem Buch aufführt, finden sich Orte wie Blankenburg, Ilsenburg, Schierke und Wernigerode. Für die zuletzt genannte Stadt notierte der Herausgeber:

Ständiger Wintersport:
Rodel- und Skibahnen im Salzbergtal und Zwölfmorgental. Schlittschuhbahnen: Teiche, Ilsenburgerstraße, Nesseltal, Christianental. – Da die Promenadenwege im Salzbergtal, nach dem Försterplatz und Kaiserturm, im fürstlichen Lustgarten nach dem Schlosse und dem Christianentale gebahnt werden, so finden auch Fußgänger in der Umgebung von Wernigerode dankbare Winterpartien.

Wenn das keine werbewirksame Wintereinladung nach Wernigerode war!

* * * * *

Wernigerode und Umgebung

„Der Weg nach Wernigerode geht wieder von den Bergen nieder und wird, je näher man Wernigerode kommt, immer anmuthiger; die umliegenden Berge erscheinen bald bewachsen und mit grünenden Bäumen bekleidet, bis man der Stadt sich nähert, deren rechte Seite das hochliegende, an einen weiten Thiergarten stoßende Schloß beschützt."
Johann Gustav Büsching, 1819

Der Brocken und Wernigerode vom Kalkberge aus gesehen
kolorierte Lithographie, um 1840

Wernigerode und Umgebung

Einband der Harzmonographie von Hans Hoffmann, 1899

Auch die Stadt selbst nimmt wie die Landschaft eine gewisse säuberliche Mittelstellung ein unter Vereinigung von Gegensätzen. Sie liegt größtenteils in der Ebene, zieht sich aber auch kräftig an den Berghängen hinauf; sie ist keine fürstliche Residenz und doch erblicher Wohnsitz eines uralten Fürstengeschlechts; ihr Äußeres zeigt keine historisch-würdevolle Pose wie Goslar und ist doch nicht farblos modern, sondern wahrt einen leisen, altertümlichen Anhauch; sie wird von großstadtmüden Lebensrückzüglern gern aufgesucht und ist doch keine Pensionopolis, beliebte Sommerfrische und doch keineswegs ein Badeort, zwischen protzendem Großstadtwesen und dürftiger Kleinstädterei in einer behäbigen Mitte, sehr kirchlich gesinnt und sehr vergnügungssüchtig, weder still noch lärmvoll, weder teuer noch wohlfeil, städtische Enge und ländliche Behaglichkeit, reiche Gartenkultur und Waldesstille hart aneinander grenzend, selbst im Klima ausgeglichen und den stärksten Extremen von Hitze und Kälte fremd, im Pflanzenwuchs streng nordisch und doch die Frucht der Edelkastanie zur Reife bringend, viele rauhe Forstmänner beherbergend und (als besondere Specialität) Chokoladenfabriken und Predigerwitwen – man könnte die Weder-Nochs und Sowohl-Alsauchs noch beträchtlich vermehren, ohne sie völlig zu erschöpfen.

Wernigerode und Umgebung

Diese Wernigerode-Charakteristik entstammt nicht etwa – wie ob des Stils vermutet werden könnte – der Feder des Heidedichters Herrmann Löns, der mit dem Titel seiner 1909 veröffentlichten Plauderei „Die bunte Stadt am Harz" dem Ort unterm Brocken zu seinem bis heute so werbeträchtigen Beinamen verholfen hatte. **Hans Hoffmann** *bannte jene Worte aufs Papier. Er war von 1894 bis 1902 selbst Wernigeröder und nicht nur Sommerfrischler wie sein genannter Schriftstellerkollege anno 1907.*

Die von Hoffmann im Jahre 1899 herausgegebene, großformatige und gut lesbare Monographie mit dem Titel **Der Harz** *ziert noch heute manchen Bücherschrank. Darüber hinaus dient sie jenen als wichtiges und vor allem glaubwürdiges Zeitdokument, die wissen wollen, wie es um den Harz und die Harzer vor gut 100 Jahren bestellt war. Die Themen Geschichte, Geographie und Geologie, Flora und Fauna sowie Naturschönheiten und Sehenswürdigkeiten bildeten ein weites Feld. Jenes wagte der Herausgeber allein nicht zu bestellen, sah er sich doch „respektabeln und furchterweckenden Wissenschaften"* gegenüber, *so Hoffmann, „von denen ich ungefähr so viel verstand und verstehe wie die Kuh vom Seiltanzen". Unumwunden gab er an gleicher Stelle zu: „jedenfalls war ich zu faul für die ungeheure Mühe, mich da hineinzuwühlen." Um die Defizite auszugleichen, arbeitete Hans Hoffmann mit einer ganzen Reihe von Koautoren, unter ihnen Dr. Eduard Jacobs, der bekannte Wernigeröder Archivar und Bibliothekar.*

Das Wernigerode, das Hoffmann charakterisierte, verdankte sein damaliges Angesicht den umfassenden Veränderungen des 19. Jahrhunderts. Namentlich die in den 1840er Jahren im Deutschen Bund mit Volldampf einsetzende Industrialisierung hatte aus der bis dahin doch etwas verschlafenen Residenz derer zu Stolberg-Wernigerode eine moderne preußische Kreisstadt erwachsen lassen, in welcher sich neben der Industrie der Fremdenverkehr zum zukunftsträchtigsten Erwerbszweig etabliert hatte.

Schloss Wernigerode während des Umbaus, 1871/72

Schloss und Stadt Wernigerode, kolorierte Radierung, um 1790

Wernigerode und Umgebung

Das alte, ursprüngliche Wernigerode beschrieb als erster in einem Buch der 1688 in Kursachsen geborene **Julius Bernhard von Rohr**. *Jener hatte an der Leipziger Universität Jura studiert und war später vor allem für seine natur- und wirtschaftswissenschaftlichen Schriften bekannt geworden. 1736 erschienen seine* **Geographischen und Historischen Merckwürdigkeiten des Vor-oder Unter-Hartzes**, *für deren Verlässlichkeit der Verfasser auf dem Titelblatt mit der Formulierung warb:* „Meistentheils durch genaue Bemerckung dessen, was man selbst in Augenschein genommen, ausgearbeitet". *Von Rohr, der 1739 noch einen gleichartigen Band über den Oberharz veröffentlichte, widmete knapp 40 Seiten des erstgenannten Werkes der Grafschaft Wernigerode. Unter der Überschrift „Von der Residenz-Stadt Wernigerode" schrieb er:*

Die Stadt Wernigerode ist drey Meilen von Quedlinburg, und auch eben so weit von Blanckenburg entfernet, im übrigen auf der Ebene, jedoch etwas Thalwärts, und an dem Fuß des Schloß-Berges erbauet, hat auch sehr viel hohe Berge um sich herum. Sie ist groß und weitläufftig, und in den hiesigen Gegenden, nach Halberstadt, Quedlinburg und Nordhausen, eine von den grösten und besten. Ihre Gebäude sind zwar, nach Art der übrigen Nieder-Sächsischen Städte, bloß von Holtz erbauet, jedoch meistentheils drey biß vier Stockwerck hoch. Um die Stadt herum sind unterschiedene feine Gärten angelegt, und muß man sich wundern, daß in dieser Gegend, die doch dem Brocks-Berge nahe liegt, und auch ziemlich kalt ist, allerhand Arten von Blumen, Obst und Küchen-Früchten so wohl fortkommt. ...

Das Schloß, welches von uralten Zeiten her das *Residenz*-Hauß der Herren Grafen gewesen, liegt auf einem sehr hohen Berge ohnweit der Stadt. Es ist zwar ein altes, jedoch weitläufftiges, und vor eine Gräfliche Hofhaltung wohl aptirtes Gebäude. Um das Schloß herum findet man unterschiedene wohl angelegte Obst-Lust- und Küchen-Gärten, wie auch eine vortreffliche *Orangerie*, welche die rarestens *exotischen* Gewächse aufzubehalten pflegt. In den Schloß-Garten hat der Hr. Graf vor nicht gar vielen Jahren ein schönes, und den Reguln der *Architectur* gemäßes Gebäude, aufrichten lassen, in welchen er des Sommers zu *residiren* pfleget; Im Winter aber beziehet er wieder das *ordinaire* Schloß auf dem Berge. ... Man zehlet fünff Kirchen in dieser Stadt, die eine, in welcher das *Epitaphium* des letztern Grafen *Heinrichs* anzutreffen, ist dem heiligen Sylvestro zu Ehren erbauet worden, und ist auch ehedem ein berühmtes Closter bey derselben gewesen ... Die andere Kirche, so in der Vorstadt, welche Graf *Botho VII.* zu Stollberg erbauen lassen, hat den heiligen *Theobaldum* zu ihren Schutz-Patron gehabt. ... Von *publiquen* Gebäuden findet man allhier ein gar ansehnlich erbautes Rathhauß, wie nicht weniger ein wohl angerichtetes Waysen-Hauß, vor dessen Unterhaltung der jetzige Herr Graf, als der sich sehr angelegen seyn lässet, die *Pietät* in seinen Landen auf alle Weise zu befördern, alle mögliche Sorgfalt anwenden. ...

Ist dem Zeugniß einiger Geschicht-Schreiber zu trauen, so ist Wernigerode eine sehr alte Stadt ...

Wernigerode und Umgebung

Jener „jetzige Herr Graf", von dem von Rohr in seinen Ausführungen spricht, war der im vorherigen Kapitel bereits erwähnte Graf Christian Ernst, der den Regierungssitz seines Geschlechts von Ilsenburg aus dauerhaft nach Wernigerode verlegt und damit die Stadt zur festen Residenz auserkoren hatte. Als sittenstrenger Pietist weit über die Grenzen der Region bekannt, regierte er noch 1763, als der Mediziner **Johann Friedrich Zückert** *bei dem Berliner Verleger Friedrich Nicolai seine* **Naturgeschichte einiger Provinzen des Unterharzes nebst einem Anhange von den Mannsfeldischen Kupferschiefern** *herausbrachte. Die Studie widmet sich vordergründig der Geologie und dem Bergbau der Region und enthält ganz nebenbei auch eine der ältesten gedruckten Beschreibungen Wernigerodes samt Umgebung:*

Die Stadt **Wernigerode**, welche zwey Meilen von **Blankenburg** und **Halberstadt**, und vier Meilen von **Goslar** entfernet, liegt dem **Brocken** gegen Morgen, auf einer Ebene, am Fuß der Harzgebürge. Sie ist die Hauptstadt der Grafschaft dieses Namens, welche gegen Morgen und Mittag mit dem Fürstenthum **Blankenburg**, gegen Mitternacht mit dem Bißthum **Hildesheim**, und gegen Abend mit dem **Oberharz** und dem Fürstenthum **Braunschweig-Wolfenbüttel** gränzet. Weil diese Grafschaft unmittelbar an den **Oberharz** anstößt, so hat sie unter allen unterhärzischen Provinzen die höchste Lage.

Wenn man von **Ilsenburg** nach **Wernigerode** gehet, welcher Weg eine kleine Meile ausmacht, und wenn man den kleinen Eichenwald zurückgelegt hat, und das Kloster **Drübeck** nebst das Dorf **Altenrode** paßiret ist, so zeiget sich rechter Hand eine Reihe von Flötzgebürgen, welche fast lauter Kalkberge sind, und den größten Theil der Grafschaft durchstreichen. Linker Hand sind die fruchtbaresten Wiesen. Grade vor sich siehet man die in der Entfernung liegende Stadt **Wernigerode**, hinter welcher das sehr hohe Bergschloß sich präsentiret, und die mitternachtwärts befindliche weite Ebene macht, daß man **Halberstadt** mit allen Thürmen mit blossen Augen deutlich sehen kann. Diesen Anblick verschönern die über die Stadt hervorragende hohe Harzgebürge. Das schöne Schloß, welches dicht an der Stadt auf der Spitze eines sehr hohen Berges stehet, verdienet alle Aufmerksamkeit und Bewunderung. Man gehet auf dem Berge in lauter Wendelgängen, die mit den schönsten Bäumen besetzt sind, bis zum Schloß hinauf, wozu ein Fußgänger wohl eine halbe Stunde nöthig hat. Ohnerachtet dieses Steigen manchem sehr sauer wird, so wird nichts destoweniger beständig heraufgefahren und geritten, wie denn bey dem Schloß nebst andern Gebäuden auch die Ställe und Wagen Scheuer stehen. Von der Höhe dieses Berges kann man in alle Strassen der drunter liegenden Stadt und in die dabey befindliche Gärten sehen. Auf der einen Seite übersieht man einen Theil der Harzgebürge, unter welchen sich der ganze **Brocken** mit allen seinen Torfhäusern am deutlichsten zeiget. Auf der andern Seite erblicket man **Halberstadt** nebst einigen andern Städten und mehr denn zwanzig Dörfer. Da einem jeden der freye Zutritt zu der vortreflichen Bibliothek, welche auf dem Schloß ist, vergönnet wird, so kann man bey der Gelegenheit auch die andern darauf befindlichen Merkwürdigkeiten besehen. Unten am Fuß des Berges liegt der prächtige Schloß- und Lustgarten, in welchem ein ansehnliches mit Schiefer bedecktes und belegtes Gartenhaus stehet.

Da die Hochgräfliche Herrschaft beständig auf diesem Schloß residiret, so ist es auch mit allen möglichen Bequemlichkeiten versehen, wovon einige nicht ohne grosse Mühe und Kosten zu Stande gebracht worden. Insbesondre haben die viele Wasserleitungen ein grosses gekostet, vermittelst welchen man auf dem Schlosse zu jeder Zeit hinlängliches frisches Wasser haben kann. Zu diesem Ende sind eine Stunde von **Wernigerode** im Harzwald, am Fuße des **Rodenberges**, die Wasser aus denen Quellen in einem Graben gesammlet, und von da durch Wasserleitungen, welche um und über die Berge in einem Umkreiß von mehr denn zwey Meilen geführt worden, nach dem Schloßberg gebracht werden. Dieses Schloß ist so wie das zu Ilsenburg durchgängig maßiv. Das letztre ist nur ein Jagdschloß, welches fast ganz vom Harzwald umgeben ist, und zwar auch auf einem Berg liegt, der aber bey weitem nicht so hoch ist als der Wernigerödische Schloßberg.

Die Harburg bei Wernigerode am Harz, Lithographie, um 1850

Zugegeben, sowohl von Rohrs als auch Zückerts Darstellungen lesen sich ein wenig schwer. Dies liegt aber nicht etwa am fehlenden Schreibtalent der Autoren, sondern an ihrem Anspruch. Beide wollten weder Werbeschriften noch nett formulierte, unterhaltsame Reiseführer über den Harz verfassen, sondern rational im Geiste der Aufklärung informieren. Das, was im Wernigerode der damaligen Zeit für Reisende interessant und sehenswert war, haben sie in ihren Ausführungen verarbeitet. Neben der landschaftlich attraktiven Lage von Stadt und Schloss gehörten dazu außer den Gärten und der besagten Wasserleitung besonders die Segnungen des Pietismus: das Waisenhaus und die für jedermann zugängliche gräfliche Bibliothek.

Ansicht des Brocken oder Blocksberges
kolorierter Kupferstich, Johann Friedrich Nagel (Maler) / Jean Morino (Verleger), um 1790

Wernigerode und Umgebung

Auch der Wernigeröder **Christian Friedrich Schroeder**, *dessen* **Abhandlung vom Brocken und dem übrigen alpinischen Gebürge des Harzes** *von 1785 bereits im vorherigen Kapitel zitiert wurde, hat in seiner Beschreibung der Heimatstadt jene Merkwürdigkeiten ebenfalls erwähnt. Bei ihm lesen sie sich so:*

Wernigerode hat 7 Kirchen, die alle noch zum lutherischen Gottesdienst gebraucht werden. Es muß also kein ganz unbeträchtlicher Ort seyn ... Die Einwohner schienen bei ihren zwiefachen Lasten doch ziemlich betriebsam und bemittelt zu seyn. Der Hauptzweig ihres Gewerbes, die Branteweinbrennereien, verursachen einen ziemlichen Umlauf des Geldes, der sich daraus schon mit abnehmen lässet, daß die Accise allein in einem Jahre über 27000 Rthlr. abgeworfen hat. Das Schloß, der Thier- und Lustgarten und die Gräfliche Bibliothek, die über 40000 Bände, und einen Catalogus von vortreflicher Erfindung hat – lauter rühmliche Denkmäler des grossen Christian Ernst, bis auf das von Ihm blos wiederhergestellte Schloß – wären wohl die Hauptmerkwürdigkeiten, die ein Brockenreisender auf seinem Wege hier nicht unbesehen lassen müste. Auch soll ein Naturalien-Cabinet auf dem Schlosse seyn, so ich aber nicht zu sehen bekommen können.

Die ganze Grafschaft Wernigerode ist ein wahrer Lustgarten, dagegen der gröste englische Park kaum ein Model im kleinen gennenet zu werden verdienet. Je näher ihrem Mittelpunkte, der Stadt Wernigerode, je schöner und abwechselnder wird diese einem Garten ähnliche bunte Landschaft. Diese vom höchsten, rauhesten, einsamsten Gebürge in Stufen bis zu den fruchtbarsten und bevölkerten Flächen herabgehende Veränderungen enthal-

Katalogmaschine in der fürstlichen Bibliothek, um 1925

Wernigerode und Umgebung

ten alles, was man sich nur schönes denken kann. Es fehlt keine Abwechslung, die da seyn könnte, und es scheint, als wenn die Natur alle ihre malerische und dichterische Kräfte auf die Verschönerung dieser Landschaft hätte verwenden wollen. Nur einen grossen Fluß konnte sie nicht herschaffen, dagegen aber gab sie davon mehrere kleinere, welche mehr denn 100 Mühlwerke in Bewegung setzen. Und dieser Park ist 12 bis 15 Meilen in Umkreise und enthält über 12000 Menschen.

Unzweifelhaft liebte der Verfasser seine Heimat und dennoch – das unterstreicht die Glaubwürdigkeit der Aussagen – betrachtete er jene keineswegs unkritisch. Beinahe warnenden Charakters haben so beispielsweise seine Bemerkungen über den damaligen Zustand der Straßen in der Residenzstadt:

Schon in Wernigerode fangen, wie in mehrern Städten des Vorharzes, die unbequemen, schmutzigen und holen Wege des Harzes an. Statt, daß in den Landstädten die Mitte der Strassen ein erhabnes Pflaster hat, sind hier die Hauptstrassen tief, gar nicht geflastert, und als Bette kleiner sehr unreiner und übel riechender Flüsse anzusehen, die voll loser Steine liegen. Nach diesen holen Wegen hänget das an den Häusern angebrachte schmale Steinpflaster so hinab, daß es zum gehen sehr unbequem, und an manchen Orten ein Wagen in Gefahr ist, auf solchen umzuwerfen, und in den holen Weg zu stürzen. Wer von der einen Seite der Strasse zur andern herüber will, muß es vermöge einiger Sprünge über spitzige, aus dem Wasser hoch hervorragende sogenannte Springsteine thun, und ist immer in Gefahr, einen Arm oder Bein zu zerbrechen, oder doch wenigstens ins Wasser zu fallen. Es lässet sich dieses nun wohl jetzt ohne Verschwendung grosser Kosten nicht mehr ändern, weil es die Vorfahren einmal so hinterlassen haben; inzwischen geben doch diese hole Wege bey Feuersgefahr den Vortheil, daß in ihnen ein grosser Vorrath Wasser aufgedämmet werden kann.

Die untere Breite Straße, vor 1875

Rechts: Schloss Wernigerode, lavierte Federzeichnung von A. Becker, 1828

*Das gräfliche Schloss zu Wernigerode
kolorierter Kupferstich von Johann Friedrich Klusemann, 1795*

Wernigerode und Umgebung

Ob Schroeder etwa übertrieben hat? Antwort auf diese Frage könnte eine weitere zeitgenössische Beschreibung der Stadt geben. Aber eine solche liegt in keinem der bekannten Drucke vor. Auch Johann Wolfgang von Goethe, der schon Anfang Dezember 1777 dem Pfarrerssohn Plessing inkognito einen Kurzbesuch abgestattet hatte, hinterließ abgesehen von der Tagebuchzeile: „3.) Nach Wernigerode. mit P. spaziren auf die Berge ppp." und einer viele Jahre später aufgezeichneten Reflexion über das hier stattgefundene Gespräch nichts. Der Ort scheint ihn nicht sonderlich beeindruckt zu haben. Zwar kam er noch öfter zurück in den Harz, hierher jedoch nimmer.

Ein Glück ist es da, dass im Landeshauptarchiv Sachsen-Anhalt das handschriftliche **Reisetagebuch** *der* **Prinzessin Sophie von Hohenlohe-Ingelfingen** *überliefert ist. Die 1767 geborene Fürstentochter war aus dem schwäbischen Ingelfingen im Jahre 1785 in den Harz gekommen und hatte den Weg hierher folgendermaßen beschrieben:*

Von Elrich bis Wernigerode muß man 8 Stunden durch den Harz fahren. Wer diesen Weg ohne Gefahr machen will, der muß einen besondern Wagen haben, der nicht nur enge Spuren hat, sondern auch hochgestellt ist, damit er über die Aeste und großen Steine, die oft im Wege liegen, weg gehen kann, und doch dauern dergleichen Harz Kutschen nicht länger als ein Jahr. Da unsere Wagen zwar enge Spuren haben aber nicht hochgestellt sind, und nicht in Elrich stehen bleiben konten, so schickten wir noch in dieser Nacht eine Estaffete nach Wernigerode und ließen den Hl. Grafen bitten, daß er uns am folgenden Tag einen Wagen und einen Vorreuter entgegen schicken möchten, wenn uns etwa ein Unglück begegnen solte.

Den 5. Sept: um 6 Uhr traten wir unsere Harzreise an. ... Wenn man in den Harz Gegenden ist, so scheint man in einer andern Welt zu seyn. Die Kette von Bergen, die großen schwarzen Wälder, die mannigfältigen Thäler die veränderliche und kältere Luft und die Früchte, die weit später zur Reife kommen, als bey uns, und die besondere Lebens Art der Harzbewohner, machen ganz besondere Eindrücke auf die Reisenden, daß er die Beschwerlichkeiten, die eine Harzreise mit sich bringt, nicht sehr achtet, sondern auf die neuen Gegenstände, seine Aufmercksamkeit richtet. Zu dieser Reise hatten wir bis Elbingrode 6. Hengste am Erlangen Wagen und 4 gute Pferde an der gebrechlichen Kalesche. Wir hatten Postillions, welche sicher fuhren und sorgfältig diejenigen Wege auswählten, wo sie den Steinen ausweichen konten. ...

Ich fuhr mit meiner Gesellschafft den geraden Weg fort, ließ die Station Elbingrode rechter Hand liegen, sahe im Vorbeyfahren ein, dem Grafen gehöriges Eisen Bergwerck, und kam ohngefähr um 3. Uhr glücklich in Wernigerode an. Wir wurden, wie es nicht anders zu erwarten war, auf das freundschaftlichste empfangen, und waren froh, das wir hier einen Ort fanden, wo wir von den ausgestandenen Beschwerlichkeiten einige Tage ausruhen konten.

Wernigerode und Umgebung

Fraglos muss dies eine beschwerliche Anreise gewesen sein. Gut aufgenommen und ausgeruht, fasste die Prinzessin anschließend ihre Eindrücke von Schloss und Stadt wie folgt zusammen:

Das Schloß liegt auf einem sehr hohen Berg, daß ein Fußgänger etwa eine halbe Stundte zu gehen hat, bis er hinauf kommt. Der Weg ist aber sehr gut gemacht, und zieht sich zwischen 2 Mauren in schneckenförmiger Linie hinauf, daß er nicht zu schwer zu passiren ist. Das Schloß ist sehr alt und besteht aus 4 Flügeln, hat sehr viele Winckel, daß man sich nicht bald zu rechte finden kann, hat aber schönere Zimmer, als man von außen erwarten solte. Da es sehr hoch liegt, so hat man eine vortreffliche Aussicht, denn rings um das Schloß herum geht der eingezäunte Thiergarten, in welchen die schönsten Spazier Gänge unter Alleen und viel zahmes Wildpret anzutreffen sind. In der Ebene liegt die Stadt, die 700 Feuerstellen haben soll, und sich dem Auge schöner darstellt, als, wenn man durch die Straßen fährt. Nechst daran liegt der große herrschaftliche Garten, und denn gehet die fruchtbare Ebene bis Halberstadt in welcher man mit blosen Augen 34. Ortschaften vom Schloße aus, sehen kann. Da, wo sich die Ebene dem Schloße gegen über verliehrt, ist der Harz, und ganz oben der berühmte Brocken, der bey uns gewöhnlich Blocksberg genant wird, nach welchem sich jeder mann zu erst umsieht, weil er der untrüglichste Wetterprophet, für die benachbarte Gegenden ist.

Doch die Prinzessin blieb nicht dabei, ausschließlich vom Schlossberg aus den Landstrich zu betrachten. Sie muss sich, das verrät der nachstehende Auszug ihres Tagebuchs, auch hinunter in die Stadt begeben haben:

Wenn man sie vom Schloße aus sieht, so nimt sie sich gut aus, kommt man aber in sie hinein, so verliehrt sie an Schönheit, denn das Pflaster ist sehr abhängig, und Mitten durch die Stadt fließt Wasser, wie in Niederhall; dabey sind die Straßen breit und wenige Häuser schön. Das Wasser in der Straße kann aber in der Noth großen Dienst thun, denn es kann gestemmt werden, welches bey Feuersbrünsten zum großen Vortheil gereicht.

Wernigerode und Umgebung

Sollte es jetzt noch Zweifel an den Aussagen Schroeders geben? – Die Missstände in den Wernigeröder Straßen, die sowohl in der Schilderung der Prinzessin von Hohenlohe-Ingelfingen als auch in der Beschreibung Schroeders offenkundig werden, sind natürlich den Regierenden auf Schloss Wernigerode nicht verborgen geblieben. Um zumindest Ärgstes zu verhindern, erließ Graf Christian Friedrich zu Stolberg-Wernigerode am 7. Januar 1799 eine **Gassenreinigungs-Ordnung**. *Deren Festlegungen erlauben bemerkenswerte Rückschlüsse bezüglich einiger Probleme, die die beiden zuletzt zitierten Autoren nur angedeutet bzw. gänzlich verschwiegen hatten:*

1.
Niemand darf Schutt, Steine, Lehm, Erde, Glas und irdene Scherben, Kehrigt und andern Unrath, im Winter Eis und Schnee, auf die Straßen und in die Winkel bringen, oder Nachtgeschirre, stinkende Unreinigkeiten, Blut und Seifenwasser und dergleichen dahin ausschütten, so wenig bei Nacht als bei Tage, bei 1 Rthlr. Strafe.

2.
Bei 3 Rthlr. Strafe darf kein Aas von todten Thieren, Fleisch, verfaulte Produkte und Materialien, unflätige Lumpen und inficirte Kleidungsstücke auf die Straße geworfen werden. Wer dergleichen seinem Nachbar oder einem andern hinwirft, zahlt 5 Rthlr. Strafe. …

6.
Keine Miststätte darf auf, oder offen an der Straße liegen. …

19.
Da für die Anlage nöthiger Abtritte bei den Schulen gesorgt wird, so muß die Schul-Jugend zu allen Zeiten von schamlosen Verunreinigungen der Gassen, wofür auch die Aeltern polizeimäßig haften müssen, abgemahnet werden.

20.
In Ansehung der Beobachtung dieser Verordnung, müssen Aeltern für ihre Kinder, Dienstherrschaften für ihr Gesinde, Hauswirthe für ihre Hausgenossen … der Polizei haften und einstehen.

Am Schluss seiner Verordnung appellierte der Graf an die Vernunft seiner Untertanen um „des allgemeinen Bestens willen". Um die Durchsetzung seiner Festlegungen bemüht, ließ der Schlossherr die Städter noch im allerletzten Absatz des Dokuments wissen: „Die sämtlichen Gerichtsdiener, Stadtdiener und Armenwächter werden zur Vigilanz angewiesen, und der Denunciant erhält zum Denuncianten-Antheil ein Drittel, nach Befinden die Hälfte der auf seine Anzeige, nach Bewahrheitung derselben, erkannten und beigetriebenen Geldstrafen." Wie wird es nur um die Vigilanz, die Wachsamkeit, der Angesprochenen bestellt gewesen sein?

Wernigerode und Umgebung

*Dass man Wernigerode samt Umgebung – und im Vergleich dazu Blankenburg – zur selben Zeit auch ganz anders erleben konnte, wenn sich nur der Blickwinkel veränderte, beweist der vom Pfarrer **Carl Gottlieb Horstig** 1805 in einem Leipziger Verlag veröffentlichte Bericht mit dem Titel **Tageblätter unserer Reise in und um den Harz**. Horstig war im Herbst des Jahres 1800 hier gewesen und hatte für den 15. September notiert:*

Wernigerode und Blankenburg streiten mit einander um den Vorzug der schönsten Situation. Wernigerode liegt ohnstreitig in einem schönern Busen des Harzes. Der freye Anblick des nahen Brockens durch den reizenden Einschnitt der Gebirge, welchen die Holzemme bildet, fesselt das Auge mit einer gebietrischen Macht; den schönsten Punct gewinnt man im Thiergarten, wenn man sich über das Schloß erhebt, und von einem hier angebrachten Ruhesitze, das Schloß und die Stadt Wernigerode unter sich, weiter hin das schöne Friedrichsthal an der Holzemme in der Vorhalle der großen Bergschlucht, und die angemeßne Aussicht ins Braunschweigische vor sich erblickt.

Blankenburg mit seinem Schlosse genießt den Vorzug einer unbeschränktern, durch die vorliegenden Anhöhen der Teufelsmauer, des Regensteins, der Hoppel- und Spiegelberge, mannigfaltiger gezeichneten Aussicht. Bey Wernigerode verliehrt sich der Blick, ins Freye, in einer flachen, obgleich mit unzähligen Dörfern und Flecken geschmückten Ebne. Die Ebne von Blankenburg stellt dem Auge mehr mahlerische Gegenstände dar, und unterbricht die Eintönigkeit der großen Fläche durch eine vielseitige Abwechslung. Dagegen findet man hier außer dem Schloßberge und der Louisenburg keinen bedeutenden Standpunct, der den Näherungen ein so verschiedenartiges Ansehn giebt, als die um Wernigerode herumliegenden Berge.

Von dem Wernigeröder Schloßberge an, der nur als ein Vorsprung des langgedehnten Bergrückens zu betrachten ist, der wegen des darin gehegten Wildes den Namen des Thiergartens erhalten hat, bis zu den gegenüberstehenden Anhöhen, die den Zillbach von der Holzemme trennen, und worauf der Pavillon, die zwölf Morgen und der Blockshornberg die interessantesten Puncte ausmachen, bietet sich dem Auge eine Abwechslung von Scenen dar, wie man sie zu Blankenburg vergebens suchen würde.

Horstig hatte sich an jenem Tage einem ausgesuchten Führer, dem Rat Johann Lorenz Benzler, anvertraut. Der gräfliche Bibliothekar und erste Redakteur des Wernigerödischen Intelligenz-Blatts genoss seinerzeit bei den Bewohnern von Stadt und Schloss gleichermaßen hohe Anerkennung ob seines Wissens, seines künstlerischen Geschmacks und seiner Kontakte zu manch bekanntem Literaten.

* * * * *

Rechts: Blick von Nordosten über Drübeck hinauf zum Brocken

Wernigerode und Umgebung

Traut man dem Titelblatt der im Jahre 1800 in Weimar verlegten Schrift **Meine Streifereyen in den Harz und in einige seiner umliegenden Gegenden** *war es ein* **Wilhelm Ferdinand Müller**, *Doktor der Philosophie, der selbstkritisch seine Reisebeschreibung einleitete:*

> In den Stunden der Rückerinnerung meiner Wanderung über den Harz, und in einige der Gegenden, welche sich an seinen Füßen hinstrecken, entstanden diese Blätter. Von ihrer mehrfachen Unvollkommenheit bin ich selbst nicht unüberzeugt; allein, es sollen auch nur Bruchstücke, Fragmente seyn.

Müller hatte auch Wernigerode besucht und die Stadt sowie das Schloss samt dem unweit gelegenen Lustgarten charakterisiert:

Sie ist ziemlich schlecht gebaut, und enthält noch viele Häuser, die der Herr von Racknitz zu Mustern brauchen könnte, wenn er den Geschmack der Bauart des dreyzehnten und vierzehnten Jahrhunderts darstellen wollte. Die Straßen sind eng, krumm, und werden meistentheils in der Mitte von einem schmalen Wasser durchflossen. In dieses ergießen sich von beyden Seiten aus vielen Häusern stinkende Abzüge, welche nicht den angenehmsten Geruch umher verbreiten.

[*Das Schloss*] ist schlecht gebaut, ein zusammengeflickter und gestickter Klumpen. Da ist keine Facade, keine Fronte zu sehen, nichts als Winkel, Vorsprünge, hölzerne Aufsätze auf steinernen Unterlagen, kleine und große Fenster, kein in die Augen springender Eingang, ein kleiner Schloßhof, kurz nichts von Bedeutung und Interesse. Ob die innere Einrichtung besser ist, weiß ich nicht, da mir der Zutritt versagt wurde. Ich hatte daher diesen sauren Weg ziemlich umsonst gemacht, und nur die Aussicht vom Schlosse herab entschädigte mich einigermaßen. ... Der Schloßgarten liegt an und unter dem Schloßberge. Der Haupteingang in selbigen, ein großer Platz mit hohen Kastanien besetzt, überrascht sehr angenehm. ... Ungern verließ ich ihn, um mich nun näher in dem weitschichtigen Garten zu besehen.

Da es zur Mode unseres Decenniums gehört, daß jeder, der ein Gärtchen oder einen Garten hat, auch eine sogenannte engländische Parthie darin anlegt, oder sein Stückchen Wiese mit schlängelnden Gängen durchschneidet, und mit Bäumen und Sträuchen ausländischer Himmelsstriche, mit Tempeln, Altären und dergleichen, besetzt, und gewöhnlich überladet; so vermuthete ich auch gleich hier diese Anglomanie, und irrte mich nicht. Er ist ganz in diesem beliebten Geschmacke zugestutzt, doch paaren sich die Parthien des Luxus sehr glücklich mit denen des Nutzens, man findet überall Spu-

Rechts: Der Schlosshof zu Wernigerode, Bleistiftzeichnung von Robert Riefenstahl, 1840

Wernigerode und Umgebung

ren einer regelmäßigen Dekoration, und vermißt mit Vergnügen jede Ueberladung. Wenn ich mich aber auf der einen Seite durch den Anblick dieses Gartens sehr unterhalten fühlte; so erregte dagegen eine desto unangenehmere Empfindung folgende, hin und wieder an Bäume geheftete, gedruckte Nachricht: „In diesem Garten darf weder Blatt, noch Reiß, noch Blume abgepflückt, nicht außer den Wegen gegangen, und kein Taback geraucht werden."

Daraufhin hielt Müller einen ausführlichen Monolog über Sinn bzw. Unsinn solcher „Warnungstafeln", der mit dem nachstehenden Appell hinsichtlich des ausgesprochenen Rauchverbots endete: „Möchte man doch die natürliche Freyheit des Menschen nicht bis auf solche kleine Kleinigkeiten herab einzuschränken sich bemühen!" Hinsichtlich des im Schloss seinerzeit residierenden Besitzers der benannten und damals schon der Öffentlichkeit zugänglichen Parkanlage ließ der Verfasser seine Leser wissen:

Der Graf von Stollberg-Wernigerode ist ein wohlgebildeter, schön gewachsener Mann, der mit einem festen Character und gutem Herzen, einen solchen Grad der Artigkeit und Gefälligkeit verbindet, den man selten bey Menschen seines Standes antreffen wird. Jedermann, er sey von Adel oder nicht, der nur einigermaßen auf Gelehrsamkeit, auf Künste und Wissenschaften überhaupt, Anspruch machen kann, ist ihm willkommen, und findet einen Platz an seiner Tafel. ... Unter seiner Familie herrscht ein liebenswürdiger, häuslicher Ton, der um so mehr anzieht, da man ihn so selten unter dieser Klasse von Menschen auffindet. Der Erbgraf ist nicht von dem gewöhnlichen Schlage der Erbherrn, das heißt, wild, brausend, verschwenderisch, lüderlich, wie zum Beyspiel, sein sauberer Herr Vetter in Stolberg, sondern ein stiller, solider Mann. Die größte Unterhaltung gewährt ihm die Landwirthschaft.

Schlosshof zu Wernigerode, Anfang 19. Jahrhundert

Wernigerode und Umgebung

Wer ist nun eigentlich dieser Wilhelm Ferdinand Müller; der Mann, der wie kein Zweiter vor ihm kritisiert, selten lobt und einzig der gräflichen Familie seine uneingeschränkte Anerkennung ausspricht? War er überhaupt selbst in Wernigerode gewesen? Ja, jener hatte unzweifelhaft die Stadt wie den Harz insgesamt bereist; auf das Jahr 1796 datieren die Fachleute jene Unternehmung. Müller hieß jedoch nicht Müller, sondern Gottschalck, genauer Kaspar Friedrich Gottschalck, und verdient in diesem Buch eine ganz besondere Beachtung.

Gottschalck stammte aus Sondershausen und hatte 1790 als Achtzehnjähriger ein Jurastudium an der berühmten Georgia Augusta in Göttingen aufgenommen. Drei Jahre später ging er nach Ballenstedt und trat dort in den Dienst des Herzogs von Anhalt-Bernburg. Mehr als drei Jahrzehnte war die Residenz, in der er als Beamter wirkte, sein Lebensmittelpunkt. 1836/37 siedelte der mittlerweile in den deutschen Landen recht bekannte Publizist ins sächsische Dresden über, wo er 1854 starb.

Das Gesamtschaffen Gottschalcks ist inhaltlich breit gefächert. Er veröffentlichte zahlreiche Artikel und Aufsätze vornehmlich historischen und landeskundlichen Inhalts, gab über viele Jahre ein „Genealogisches Taschenbuch" heraus, sammelte und publizierte Märchen und Sagen. Als Hauptwerk gilt seine bekannte mehrbändige Schrift „Die Ritterburgen und Bergschlösser Deutschlands". Zudem verfasste **Kaspar Friedrich Gottschalck** *mehrere Reisehandbücher, die wieder und wieder – ja mitunter selbst lange nach seinem Tode – aufgelegt wurden. So ist denn auch sein Taschenbuch für Reisende in den Harz, dessen erste Ausgabe mit einem Umfang von über 400 Seiten 1806 in Magdeburg gedruckt wurde, für die Harzliteratur des 19. Jahrhunderts ein Meilenstein. Das Buch erlebte fünf Auflagen und erschien 1843 ein letztes Mal.*

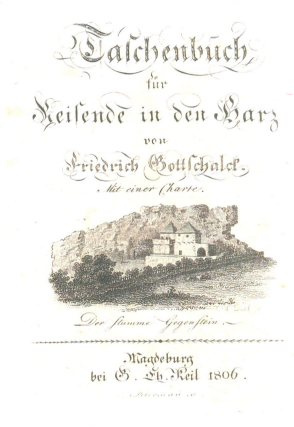

Titelblatt von Gottschalcks Harzführer

Wernigerode und Umgebung

In der 1817 veröffentlichten zweiten Ausgabe des **Taschenbuchs für Reisende in den Harz** *lesen sich die Ausführungen Gottschalks über Wernigerode und die nähere Umgebung wie folgt:*

W e r n i g e r o d e, – eine Stadt, ist der Hauptort der Grfsch. gleiches Namens, und der Wohnsitz der Grafen zu Stolberg-Wernigerode. Es liegt an der Nordseite des Harzes in einer höchst angenehmen Gegend, enthält in 7 1 0 H. 3,680 E. (im J. 1816) und wird von der Holzemme bewässert. – Gute Gasthöfe sind: der „schwarze Hirsch", in der Vorstadt Nöschenrode, und das „deutsche Haus", in der Stadt.

Das sehr hoch liegende gräfl. Schloß, enthält eine sehenswerthe, an 40,000 Bände starke Bibliothek, worin das ältere theologische, und dann das historische Fach am stärksten besetzt sind, und manche Seltenheit enthalten. Von der Bibelsammlung, die sich allein auf 2,000 Stück beläuft, und verschiedene seltene Ausgaben hat, ist ein eigenes gedrucktes Verzeichniß da. Der Katalog dieser Bibliothek ist, in Hinsicht seiner mechanischen Einrichtung, wie der der Wolffenbüttler. Alle seine Bände liegen auf einem beweglichen walzenförmigen Gestelle, das man fort drehen und so jeden Band vor sich bringen kann, ohne ihn von der Stelle zu nehmen.

Wer die Zimmer und die Kirche des Schlosses sehen will, meldet sich bei der Ausgeberin. Unter dem Schloßhofe ist ein Wasserbehälter, der durch eine 1730 angelegte Wasserleitung gefüllt wird. Ihr erster Wasserfangkasten, an der Elbingeröder Grenze, nahe an der Heerstraße, ist, in gerader Linie, zwar nur 5/8 M. vom Schlosse entfernt, der Lauf des Wassers beträgt aber, wegen der vielen Krümmungen, die er nehmen muß, von da bis auf den Schloßhof 3856 rheinl. Ruthen, also fast 2 M.

Wer auf den 3 Schlössern: in Ballenstedt, Blankenburg, und hier war, kann sagen: auf den schönsten Umsichtspunkten am mitternächtlichen Harze gewesen zu seyn; aber schwer möchte es ihm werden, zu bestimmen, welchen von den dreien der Vorzug gebühre, da alle so reich als mannigfaltig sind. Kein Reisender möge daher unterlassen, wenn er auch sonst keine Veranlassung dazu hätte, den hohen Schloßberg zu ersteigen, denn die Umsicht ist sehr schön, der Blick über die angebauten Thäler nach dem Brocken hin ganz besonders reizend. Und, wer sie noch ausgedehnter und schöner haben will, der ersteige die hinter dem Schlosse sich erhebenden Berge. Der Schloßberg macht mit mehreren andern an ihn grenzenden Bergen, dem, mit einer Mauer oder einem Gatter umgebenen, Thiergarten aus, worin die 3 Lusthäuser: Das Jenny-, Ernestinen-, und Augusten-Haus liegen.

Am Fuße des Schloßberges ist der Lustgarten, der für Jedermann offen steht und worin ein Orangeriehaus mit einem schönen großen Saale ist, in dem man ein lang ausdauerndes Echo erzeugen kann.

Das wohl eingerichtete Waisenhaus ist nicht fern davon. Um es zu besehen, wendet man sich an den zeitigen Inspector desselben. Man findet darin auch eine ziemlich bedeutende Naturalien-Sammlung, vorzüglich in Mineralien vom Harze und in Konchilien.

Rechts: Im fürstlichen Palmenhaus, um 1900

Wernigerode und Umgebung

Nikolaikirche Wernigerode, aquarellierte Bleistiftzeichnung, 1845

Eine der schönsten aber ist südöstlich auf dem Bergrücken, die 12 Morgen genannt, welche man in ¾ St. erreicht, und die kein Freund der Natur unbesucht lassen muß. An diesen Bergrücken lehnt sich ein kegelförmiger Berg, worauf einst die H a a r b u r g stand, deren Ursprung und Untergang aber im Dunkel der frühesten Zeit verhüllt liegen; indessen scheint letzterer schon vor dem 14ten Jahrhund. erfolgt zu seyn. Nur zwei tiefe Graben sind noch die einzigen Zeugen, daß hier einst eine Burg stand. Dicht an W. liegen, in der Preuß. Herrschaft Hasserode, und auch an der Holzemme, die zusammen hängenden Oerter H a s s e r o d e und F r i e d r i c h s t h a l. Ersteres

Von den 4 Kirchen der Stadt enthält die Frauenkirche ein Gemälde von Bernh. Rhode, Christus am Kreuz; und die Silvesterkirche alte gräfl. Epitaphien.
Die Hauptnahrung der Einw. von W. besteht in der Branntweinbrennerei, Bierbrauerei, im Kornhandel nach dem Gebirge, Holzhandel, Tuch- und Zeugmachen. Von letzterem sind 11 Stühle jetzt im Gange.
Herrliche Ansichten der Umgebung von W. hat man auf allen Höhen und Bergen um dasselbe.

ist ein D. von 151 H. mit 600 E., das um die Burg der alten Herren v. Hasserode, Erbmarschälle des Stifts Halberstadt, erbauet war. Am Ende desselben, ¾ St. von W. entfernt, liegt ein der v. Waiz'schen Familie gehöriges Blaufarbenwerk, das seinen Kobolt aus dem Siegenschen erhält, und nahe bei Hasserode findet man noch Ueberreste des Augustiner-Eremiten-Klosters H i m m e l p f o r t e, das 1525 im Bauernkriege zerstört ward. Letzteres, Friedrichsthal, ist, eine im J. 1768 angelegte Kolonie, deren 89 H. dicht vor W. anfangen.

Rechts: Christus am Kreuz, Altargemälde von B. Rhode in der Liebfrauenkirche, um 1762

Wernigerode und Umgebung

Sachlich und nüchtern stellt Gottschalck Wernigerode samt Umgebung ebenso vor wie den ganzen Harz. Er schlägt damit einen gänzlich anderen Ton an als ihn einst Müller hatte verlauten lassen. Weder bloße Schwärmerei noch bissige Satire, statt dessen knappe Beschreibung, gepaart mit vielerlei aktueller Information – das scheint das Erfolgsgeheimnis jenes Taschenbuches gewesen zu sein. Dass Gottschalck selbst keine Mühe scheute, um mit seinem Werk auf dem jeweils neuesten Stand zu sein, belegen unter anderem bis heute erhaltene Briefe von ihm an den Grafen Henrich zu Stolberg-Wernigerode. Auf entsprechendem Wunsch aktualisierte Letzterer beispielsweise 1842 die Angaben über seine Herrschaft. Außerdem hatte Gottschalck einen seiner „Söhne jetzt nach dem Harze gesendet, in allen seinen Theilen ihn zu besuchen, und Notizen einzusammeln über den neuesten Zustand seiner Fabriken, Anstalten und Einrichtungen."

Die Mühe zahlte sich aus; der Gottschalck wurde vielfach gelesen und genutzt. Auch Heinrich Heine, einer der bekanntesten Harzwanderer, führte ihn anno 1824 im Gepäck. Der damals nicht minder bekannte Berliner Schriftstel-

Blick zur Harburg und über das Bollhasental zum Schloss, 1893

Wernigerode und Umgebung

*lerkollege **Adolph Glassbrenner**, der knapp zehn Jahre später das Gebirge besuchte, schrieb dem Verfasser des besagten Taschenbuchs übrigens mit aller Deutlichkeit ins Stammbuch:*

G o t t s c h a l k , das werde ich Dir nie vergessen, so lange ich Hühneraugen habe! Du sagst in Deinem Werke über den Harz, man müsse, um alle Schönheiten desselben zu genießen, ihn zu Fuß bereisen, und weil ich ihn zu Fuß bereiste, habe ich alle Schönheiten desselben nicht genossen. Nicht nur die grenzenlose Anstrengung, das Ränzelchen von so und so viel Pfündchen auf dem Bückelchen, die schlechten, steinigen Wege, die fürchterliche Hitze, die einem das Mark aus den Knochen brennt, nicht nur der zärtliche Staub, der sich in die Augen drängt, oder der unschuldige Regen, der unser Gemüth und unsere Kleider erweicht, – sondern auch ein ewig quälender Durst und elende Bauernkneipen, wo man, ermattet bis in den Tod, sich von schmutzigen Fingern ein würmerreiches Glas Wasser oder Bier reichen lassen muß: das sind die Schönheiten des Harzes, die ich kennen gelernt habe! Gott behüte mich zum Zweitenmale vor diesen Schönheiten; mein Herz ist wahrhaftig so voll davon, daß ich für dieses Leben hinreichend versehen bin.

Glassbrenner war mit dem „Literaten S." unterwegs und hatte sich über Magdeburg und Halberstadt dem Harz genähert. Seinen Einzug in die Residenzstadt unterhalb des Brockens umriss er in für ihn typischer Art und Weise:

Müde, matt und lahm kamen wir Abends acht Uhr dort an. Wernigerode! meine Stiefeln fordern Rechenschaft von Deinem Magistrat. Ist das auch Steinpflaster; sind das auch Straßen? Man kann nicht zwei Ecken gehen, ohne sich nicht mindestens drei Füße zu brechen. Und dafür müssen die Bürger noch Wegegeld bezahlen, aber was müssen die Bürger nicht bezahlen? Man mache sich ein Steinpflaster so schlecht, wie es nur irgend möglich ist, bringe es nach Wernigerode, und man soll einmal sehen, wie sehr sich das dortige noch schämen wird. Zum Ueberfluß geht noch eine Gosse von cirka **10** Fuß Breite durch die Stadt; will man zufällig von der einen Seite zur andern, so muß man sich zuvörderst eine momentane Brücke bauen lassen;
  Wernigerode ist eine schöne Stadt,
  Wer sie nicht gesehen hat.

Im »Deutschen Hause, dem besten und theuersten Gasthofe dieser jämmerlichen Stadt kehrten wir ein, und bekamen zum Schlafgemach einen Tanzsaal von neun Fenstern. ... Wir stopften uns eine Pfeife, setzten uns auf das Sopha, plauderten noch friedlich eine Weile mit einander und stiegen dann in's Bette, um in dem wunderbaren Reiche der Träume die Leiden der Wirklichkeit zu vergessen. Der Traum ist Wahrheit, das Leben Betrug. O hätte ich den Harz träumend zu Fuß bereisen können!

*Veröffentlicht hat Glassbrenner jene Eindrücke in dem 1834 in Leipzig erschienenen Sammelband mit dem bezeichnenden Titel **Aus den Papieren eines Hingerichteten**.*

Wernigerode und Umgebung

Kaspar Friedrich Gottschalck muss in der ersten Hälfte des 19. Jahrhunderts den Harzer Reiseliteraturmarkt beherrscht haben. Nur wenige wagten ihm Paroli zu bieten, und gemessen an der Auflagenzahl waren sie nicht so erfolgreich. Einer, der drei Jahre nach dem Erscheinen des „Taschenbuchs für Reisende in den Harz" einen eigenen Band in jenem Literatursegment auf den Markt brachte, nannte nicht einmal seinen Namen. An Selbstbewusstsein kann es dem unbekannten Autoren allerdings nicht gefehlt haben, gab er doch seinem in Quedlinburg erschienenen Werk den richtungsweisenden Titel **Unentbehrlicher Führer für Harzreisende**, *um gleich zu Beginn der Vorrede zu betonen: „So viel auch bereits über den Harz geschrieben ist, so fehlt es doch immer noch an einer kurzen, aber gedrängten Schrift, die ganz dem Bedürfniß der Harzreisenden von verschiedenen Classen entspricht."*

Das 256 Seiten fassende Buch fiel denn auch deutlich knapper aus als Gottschalcks. Allerdings musste der anonyme Verfasser eingestehen: „Die Kürze der Zeit zur Bearbeitung und einige andere leider zu spät gehobene Hindernisse erlaubten es nicht, diesem Werkchen die gewünschte Correctheit zu geben". Nach der vorab geübten Selbstkritik nahm der Autor aber sofort sein vermeintliches Vorbild ins Visier. Zwar gab er unumwunden zu, auf seiner im Jahre 1808 durchgeführten Harzreise Gottschalcks Taschenbuch benutzt zu haben, stellte aber in einer Fußnote klar: „Dieses Taschenbuch hat den Fehler, einer etwas zu geringen Meilenzahl für den Fußreisenden, und es ist daher nicht zu rathen, seine Marschroute nach diesem Buche in Tagereisen abzutheilen."

Seine Schilderung von Wernigerode begann der ungenannte Verfasser mit den Ausführungen zum Schloss:

Das Schloß selbst ist zwar irregulair gebaut, hat aber ein ehrwürdiges Ansehn, und sein Aeußeres, ganz im Geschmack der Burgen der alten biedern und gestrengen Ritter, ruft Erinnerungen an die längst vergangne Vorzeit hervor. – Der Haupteingang ist ein hohes Portal. Eine steinerne Wendeltreppe führt alsdann zu dem innern Schloßhofe, und zu den Zimmern, wovon es eine bedeutende Menge hat. Ob schon die gräfliche Familie hier war, so führte uns doch eine Ausgeberin, da wir die Aussicht vom obern Theile des Schloßes zu genießen wünschten, mit vieler Artigkeit in mehrere Zimmer, wovon einige altmodig, der größere Theil aber modern und mit Geschmack decorirt und meublirt sind. Die Aussicht aller, ist ausnehmend schön. Unter die bessern Piecen gehört der Conzertsaal, und wir bedauerten, nicht Sonnabends hier sein zu können, wo in der Regel Conzert gegeben wird, zu welchem jeder anständig Gekleidete freien Zutritt hat. ...

Die merkwürdigsten Stücke im Schloße sind die Bibliothek und das Naturalienkabinet. Um es zu besehen, muß man sich an den Herrn Hofcaplan Schmit wenden, der darüber die Aufsicht hat, und es Fremden mit der grösten Gefälligkeit zeigt. Eine große Sammlung seltner Erzstufen und Mineralien machen es für den Mineralogen, und ein vortrefliches Herbarium, der am Harz und vorzüglich am Broken wachsenden Kräuter und Gewächse, dem Botaniker merkwürdig. Die Bibliothek enthält etwan 30,000 Bände, worunter eine 2000 Bände starke Biebelsammlung sich befindet.

Rechts: Barocke Wappenkartusche an der Orangerie im Lustgarten, um 1730

Wernigerode und Umgebung

Bezogen auf den Tiergarten und in der Nähe befindliche Sehenswürdigkeiten vermerkte der Autor:

In diesem liegen die drei Lusthäuser, die Agnesburg, das Jennyhaus und das Augustenhaus, die diese Namen noch nicht gar lange zu Ehren der Gräfinnen dieses Namens, führen, und vorher Eremitage, Christianenthal und Schmuck hießen. Die Lage eines jeden hat ihre besondern Reitze. Am Fuße des Schloßberges ist der Schloß- oder Lustgarten, der ein schönes großes Orangeriehaus enthält. Hier findet man außer einer sehr gut unterhaltenen Orangerie, auch viele seltne Gewächse. In dem großen Saale des Hauses ist ein Echo, welches schön und so lange anhaltend ist, daß es mehrere Worte deutlich wiederholt.

Was den Ort selbst anbelangt, hielt der Verfasser mit nachstehenden Worten so fest:

Die Stadt W e r n i g e r o d e besteht aus 858 Feuerstellen, wozu die 127 Häuser enthaltende Vorstadt Nöschnerode und 30 einzelne, um die Stadt herum liegende Häuser, gerechnet werden. Sie hat 3 Kirchen in der Altstadt, und eine in der Neustadt, wovon die St. Silvester viel alte gräfl. Epitaphia enthält, worunter manche gut gearbeitet sind. In der lieben Frauenkirche ist das Altarstück ein Christus am Kreuz, von Bernhard Rhode.

Die hiesige lateinische Schule soll eine sehr gute Einrichtung haben, und mit talentvollen und würdigen Lehrern besetzt sein. Das Rathhaus am Markt ist von alter gothischer Bauart. Es steht größtentheils über einem, zur Wirthschaft verpachteten Keller, wo zuweilen die streitenden Parteien, wenn sie oben zu lange haben warten müssen, um vorgelassen zu werden, bei einem guten Trunk Bier ihre Zwistigkeiten selber schlichten.

Von den 3 Spitälern der Stadt ist besonders das Nicolaihospital sehr reich dotirt. Ein viertes, das Georgenhospital, liegt vor der Stadt, am Wege nach Ilsenburg.

Außer dem Bierbrauen, Korn- und Holzhandel, ist vorzüglich das Branntweinbrennen ein Hauptnahrungszweig der Stadt. Es sind jetzt fast 50 Blasen im Gange. – Tuch und Rasch wird auf 32 Stühlen fabricirt.

Die Stadt hat mehreremale starke Brandschaden erlitten, worunter vorzüglich die letztere große Feuersbrunst vielen Schaden verursachte. Im Ganzen ist die Bauart unregelmäßig, doch sind mehrere Straßen, nachdem sie abgebrannt sind, egaler, und nach der Schnur gebauet.

In vielen Straßen fließen Canäle in der Mitte, und die beiden Seiten sind daher sehr abhängig gepflastert, wodurch sowohl Gehen als Fahren beschwerlich gemacht wird.

Wer von hier aus auf den Brocken zu fahren gesonnen ist, kann dazu einen ausdrücklich dazu bestimmten herrschaftlichen, auf 5 bis 6 Personen eingerichteten mit 4 Pferden bespannten Wagen für den festgesetzten Preis von 15 Rthlr., ohne Trinkgeld, bekommen. Man wird dann bis vors Brockenhaus, auf der höchsten Spitze, gefahren.

Wernigerode und Umgebung

Bleibt nachzutragen, dass die von dem anonymen Publizisten 1809 veröffentlichten Darlegungen nicht nur als reiseliterarische Trittbrettfahrerei von Interesse sind, sondern insbesondere vor dem Hintergrund der historischen Tatsache, dass Stadt, Grafschaft und Region 1806 von den Franzosen besetzt und nach Jahresfrist in das neu gegründete Königreich Westfalen integriert worden sind. Die unter der Federführung Napoleons bis zu dessen Sturz hier durchgeführten Reformen haben auch für Wernigerode den langen und beschwerlichen Weg in die Moderne eröffnet.

Hospital St. Georgi, Bleistiftzeichnung von Robert Riefenstahl, 1866

Wernigerode und Umgebung

Ab der Mitte des 19. Jahrhunderts zog es mehr und mehr Menschen in das sagenumwobene Harzgebirge. Welche Anforderungen sich aus diesem Umstand für die Autoren und Verleger ergaben, umriss **Carl Gottlieb Friedrich Brederlow** *in seiner 1846 in Braunschweig erstmals gedruckten Schrift* **Der Harz. Zur Belehrung und Unterhaltung für Harzreisende**:

Bei dem jährlich wachsenden Interesse am Harze und bei der durch Anlegung der Eisenbahnen und Chausséen vermehrten Leichtigkeit, den ganzen Harz zu durchreisen, steigern sich auch die Ansprüche an die literärischen Führer und sogenannten Reisehandbücher; mit einer oberflächlichen Angabe einzelner, alphabetisch geordneter, topographischer Merkwürdigkeiten der Hauptörter, oder einzelner historischen Notizen ist's nicht mehr abgemacht; man verlangt ein mehr wissenschaftliches Ganze und eine gründlichere Belehrung über alle Verhältnisse dieses reichen und höchst interessanten Gebirges.

Im gleichen Kontext urteilte Brederlow über sein eigenes Werk: „Jedenfalls hält der Verfasser selbst sein Harzbuch nur für einen Versuch, höchstens für einen ausführlich angedeuteten Entwurf, wie er sich dachte, dass ein solches Buch nach jetzigen Ansprüchen müsste ausgeführt werden." *Da lohnt es wohl, in dem Wernigerode und seiner Umgebung zugedachten Abschnitt nachzulesen:*

Ueberhaupt ist die Grafschaft ein glückliches Ländchen. Die Stadt, Residenz der Grafen, liegt an der Holtemme, 28° 27' östlicher Länge, 50° 1' nördlicher Breite; ihre drei besten Gasthäuser sind: Nöschenröder Schenke, preussischer Hof, brauner Hirsch; – beinahe 1000 Häuser mit 5300 Einw. Wegen der Bergkräuter reiche Viehzucht; ausserdem Bierbrauerei, Brennerei, Weberei, Taback, Cichorienbau, Kornhandel, Holzfuhren, Kohlenbrennen, Hütten- und Bergbau, Bau- und Brennholzhandel, Bretter, Leder, Papier, wollene Zeuge, Oel- und Oelkuchen; – kurz viel Verkehr und grosser Fleiss; ausserdem die ganze Grafschaft sehr thätig und wohlhabend. Die Stadt zeigt ausser mehreren ältern Bauwerken mit künstlichem Täfelwerk und Resten altdeutscher Holzschneidekunst an sich wenig Merkwürdiges; ein höchst alterthümliches Rathhaus mit dem humoristischen Denksprüchlein über seiner Thüre: „Einer acht's, der Andere verlacht's, der Dritte betracht's, was macht's?

Was folgt, sind umfangreiche Ausführungen zur Historie und zu einzelnen Sehenswürdigkeiten. Und sicher ganz zur Freude der Wernigeröder fügte Brederlow noch hinzu: „Die U m g e b u n g e n des Schlosses und der Stadt sind höchst mannigfaltig, einzelne unbeschreiblich reizend."

Links: Gadenstedtsches Haus mit Renaissance-Erker von 1582 am Oberpfarrkirchhof

Wernigerode und Umgebung

Wie anders man fast zeitgleich jenen Ort betrachten konnte, dokumentiert der nur vier Jahre zuvor in dem von **Hofrat Hermes** *und* **Assessor Weigelt** *herausgegebenen* **Historisch-geographisch-statistisch-topographischen Handbuch vom Regierungsbezirke Magdeburg** *formulierte Eintrag für Wernigerode:*

Die Stadt ist alterthümlich gebauet, die Straßen sind unregelmäßig und zum Theil eng, und die Häuser durchgängig von Fachwerk mit Ziegelbedachung. Viele der älteren Gebäude sind noch wie zu Goslar und Halberstadt mit vortrefflichen Holztäfeleien, Resten alter deutscher Holzschneidekunst, geziert. Insonderheit ist das auf dem Markte belegene, am Schluß des 15ten Jahrhunderts erbauete Rathaus in einem eigenthümlichen gothischen Style, der in neuerer Zeit die Aufmerksamkeit Kunstverständiger auf sich gezogen hat, erbauet.

Die Stadt ist der Sitz der Gräflichen Regierung und Konsistoriums, des Gräfl. Justizamts, des Stadtvoigteigerichts, 1 K. Postamts und 1 K. Zollamts. Es sind 3 Pfarrkirchen vorhanden ... Der Nahrungsstand der Einw. beschränkt sich jetzt auf einige Fabriken, den geringen Umfang der städtischen Gewerbe, einen nicht unbedeutenden Detailhandel und auf den Ackerbau, der die meisten Hände beschäftigt. An Fabriken sind vorhanden: 1 Tabacksfabrik, 2 Wollenwaarenmanufakturen, 2 chemische Feuerzeugfabriken, 1 Papierfabrik und mehrere kleine Spardochtfabriken. Die früheren Hauptnahrungszweige der Stadt, Brauerei und Brennerei, sind immer tiefer gesunken und die Brauerei beschränkt sich jetzt fast ganz auf den innern Verbrauch. ... Jährlich werden 3 Jahrmärkte gehalten, die aber wenig besucht sind.

Gadenstedtsches Haus, um 1880

Wernigerode und Umgebung

*Um zu entscheiden, welcher der beiden Skizzen eher der Vorzug zu geben ist, empfiehlt sich ein Blick in die bereits im vorigen Kapitel vorgestellte Reisebeschreibung aus der Hand von **Christian Wilhelm Spieker**. Jener hatte nach 50 Jahren den Harz 1850 erneut besucht und war bezogen auf Wernigerode zu folgendem Urteil gekommen:*

Die Stadt ... selbst hatte bis vor etlichen Jahren, wo eine große Feuersbrunst die Hälfte derselben in Schutt und Asche legte, enge und schmutzige Straßen, kleine niedrige Häuser und ein abscheuliches Pflaster. So ist's auch noch in dem vom Feuer verschont gebliebenen Theile der Stadt, der aber neu wieder aufgebaute Theil hat schöne Häuser, breitere Straßen und ein besseres Steinpflaster. Die Einwohner sind sehr betriebsam und man findet Tuch-, Taback- und Cichorienfabiken und einen starken Holzhandel im Orte.

Die Umgebungen der Stadt sind reizend, die Wege fest und breit und mit Obstbäumen bepflanzt, die Dörfer reinlich und die Wohnhäuser nett und anständig. Sie werden auch größtentheils den Sommer über von Privatleuten und Familien bewohnt, die durch den ländlichen Aufenthalt in so anmuthiger Gegend Genesung und Erheiterung suchen. In Hasserode, Darlingerode, Allenrode und Drübeck fand ich viele solche Naturfreunde.

Steinerne Renne, Lithographie, um 1850

Wernigerode und Umgebung

Bei der von Spieker erwähnten „Feuersbrunst" handelt es sich um den letzten großen Brand in der Geschichte von Wernigerode. In einer Märznacht des Jahres 1847 waren 149 Wohn- und 251 Nebengebäude vernichtet worden; jeder fünfte Städter verlor sein Obdach. Schlendert man heute durch das damals arg betroffene Heideviertel, durch die angrenzende Westernstraße oder durch den westlichen Teil der Breiten Straße, sieht man genau jene „schönen Häuser", von denen der Verfasser sprach.

Nach dem Stadtbrand von 1847 errichtete Häuserzeile in der Westernstraße

Wernigerode und Umgebung

Spieker beschränkte sich nicht nur auf die Beschreibung der Stadt. Auch die Naturschönheiten der näheren Umgebung hatten es ihm angetan, wie folgender Auszug unschwer zu erkennen gibt:

Wir fuhren über Hasserode in das Gebirge bis zu einem im dichten Walde gelegenen Wirthshause und gingen von hier nach der steinernen Rinne, einem überraschend großartigen Schauspiel. Die Holzemme drängt sich eine halbe Stunde Wegs zwischen hohen Felsmassen in lauter größeren und kleineren Wasserfällen über gewaltige Steinmassen. Der Anblick des brausenden und tosenden Wassers, das in hastiger Ungeduld zwischen die Spalten sich drängt und über das graue Gestein sich stürzt, gewährt einen zauberischen Anblick. Man kann das Auge nicht wegwenden. Die grüne Fluth, der silberne Schaum, das ungestüme Vorwärts, und das fest und unbeweglich ruhende Gestein, zu beiden Seiten der dunkle Tannenwald: alles giebt der wilden Landschaft etwas so Eigenthümliches und Schauerliches, daß ich Aehnliches im Harz nicht nachzuweisen wüßte. Wir kletterten auf dem rechten Ufer der Holzemme aufwärts bis zur Teufelsburg, wo das mächtige Gestein sich etwa dreißig Fuß aufgethürmt hat, um den Lauf der schäumenden Fluth zu hemmen. Diese aber stürzt sich um so gewaltiger gegen den Felsendamm, bricht sich zu beiden Seiten Bahn und bildet die schönsten Wasserfälle. Höher hinauf bis zu den dunklen Grotten, aus denen die Najade ans Licht des Tages

Herbstwald im Drängetal

Wernigerode und Umgebung

dringt, wird die Gegend immer wilder und unheimlicher. Gestürzte Tannen sind mit Moos überwachsen. Ungeheure Felsblöcke ruhen auf sumpfigem Boden. Man ist zur H ö l l e gekommen und kehrt der finstern Kluft gern den Rücken zu. Den Rückweg nahmen wir auf dem linken Ufer des Flusses, der weniger steil ist. Die Holzemme geht von hier, nachdem sie sich die tollen Hörner abgelaufen, ruhiger und gelassener durch Hasserode, bei Wernigerode, Derenburg und Halberstadt vorbei und ergießt sich bei Nienhagen in die Bode, nachdem sie an 70 Bäche aufgenommen, 60 Mühlen getrieben und einen Lauf von sechstehalb Meilen zurückgelegt hat.

Im Jahre 1850 erschien **Wilhelm Grönings Taschenbuch für Harz-Reisende** *– praktischer Ratgeber und begeisterndes Plädoyer in einem Bande. Voller Leidenschaft und Lyrik näherte sich sein Verfasser verbal der Stadt:*

Schon von fern lächelt uns in der Umkränzung grüner Berge die altehrwürdige Burg der Stolberge an, die freundlich auf die zu ihren Füßen ruhende Stadt herabzublicken scheint. Die wechselnden Farben großartiger, himmelanstrebender Berggruppirungen erquicken Gesichtskreis und Herz des Schauenden, und häufig hält eine unsichtbare Hand den Wandersmann fest, ihm zurufend: „Sta viator!" – Doch der Wirbelwind peitscht den Staub der länderverbindenden Straße und treibt ihn empor zu den Wolken, so daß der Erdkreis sich verschleiert und der Pilger Gewalt gegen den hemmenden Geisterarm gebrauchen muß. Mit jedem Schritte gewinnt die Landschaft an Großartigkeit, und bald begrüßt der Troubadour wieder die so lieb gewordenen Berge und Thäler Hercyniens.

Eine bedeutende Anzahl vor den Thoren gelegener Mühlen und anderer der Industrie gewidmeter Anlagen lassen einen lebhaften commerciellen Verkehr vermuthen, welche Ansicht beim Eintritt in das Innere der Stadt bestätigt wird. Das im Labyrinthe der Gassen umherschweifende Auge gewährt überall Merkmale menschlichen Fleißes und überall Spuren häuslicher Glückseligkeit und blühenden Wohlstandes. Alte finstere Thore und hohe, zum Theil schon vom Zahne der Zeit zernagte Stadtmauern verdecken die schwerfälligen und plumpen Häusermassen. Der Schmutz und Koth in den von wilden Gebirgswässern durchbrausten Gassen und die spitzen Pflastersteine, welche die Füße verwunden, treiben den ankommenden Fremden bald wieder an die Stufen der Altäre, in die hochgewölbten Hallen des Tempels der Natur, es sei denn, daß eine Nymphe oder eine Sirene ihn in ihr Netz locke, – denn die hübschen Frauen in Wernigerode verstehen Angel und Fischkorb gut zu handhaben, – oder daß das über der Thür des alterthümlichen Rathauses befindliche Denksprüchlein: „Einer acht's, der Andere verlacht's, der Dritte betracht's, was macht's?" seine Aufmerksamkeit auf einige Minuten fessele und seine Schritte hemme. Wir fliehen hinaus ins Freie, um an dem Busen einer Natur zu ruhen, welcher die unentweihte Kunst brüderlich die Hand reicht.

Rechts: Das Rathaus in Wernigerode, Bleistiftzeichnung von Elise Crola, 1849

Ansicht der Stadt Wernigerode, kolorierte Lithographie, um 1855

Wernigerode und Umgebung

Wieder einmal wurden die Zustände in der Stadt trotz wohlklingender Lyrik heftig kritisiert. Nur gut, dass wenigstens – wenn auch nur in Verbindung mit dem gern zitierten Spruch – das Rathaus Erwähnung fand. Was den Verweis auf die Wernigeröder Frauen betrifft: Die anderen zeitgenössischen Autoren lassen zu diesem Thema nichts verlauten. Leider ... Den engen Gassen und Mauern der Stadt entronnen, lieferte Gröning eine wahre Lobeshymne auf die unmittelbare Umgebung:

Die Krone des ganzen Harzgaus ist das Residenzschloß der Grafen von Wernigerode, das sich hoch über der Stadt auf den letzten Vorsprüngen des Gebirges erhebt. Die sanft gerundeten Berghöhen, welche die Grafenburg tragen, sind theils mit dem grünen Sammetteppich würziger Gebirgskräuter überzogen, theils mit Holzungen bedeckt. Eine herrliche Fahrstraße führt unter einem Gewölbe prachtvoller Eichen in vielfachen Schlangenwindungen, ähnlich der Straße von Airolo nach dem St. Gotthardts-Hospiz, den zu einem Thiergarten umgewandelten Schloßberg hinan. Ganze Rudel von gezähmtem Hoch- und Dammwild grasen an den Bergabhängen, und die Tritte der Spaziergänger verscheuchen die sonst so furchtsamen Bewohner der Wildniß nicht. ...

Stundenlang haftet der Blick an den schönen Verschlingungen des Gebirges. Dem Schloßberge reihen sich die laubgrünen wohlgeformten Bergkuppen des Christianenthales an; wie eine keusche züchtige Nymphe eilen die Wellen des Zillier Bachs durch den sanften Rasenteppich des Thalgrundes, und selbst da, wo sie sich über Felsendämme herabwerfen, um die Räder geschäftiger Mühlen in Activität zu setzen, vermeiden sie unanständigen Lärm und hüpfen mit der Grazie einer gewandten Balletttänzerin umher. Wie ein stolzer Pfau spreizt sich das Holzemmethal mit seinen weitverzweigten Bergästen; seine idyllischen Matten und sanften Bergwände müssen steilen, hochgethürmten Felsmassen als Stütze dienen, wie eine Fußbank den schlaffen Füßen einer alten Frau. Schlanke Tannen umlagern, gleich Polizeisergeanten, welche einen Gefangenen festhalten sollen, das Convolut verwitterter Felscolosse, über welche sich das Haupt des ehrwürdigen Brockens mit ernsthafter Miene erhebt.

Nachdem sich die Holzemme durch dunkle Tannenwälder und zerstörte Granitmassen siegreich Bahn gebrochen hat, wird ihr bei Eintritt ins flache Land die Sclavenkette um den Hals gelegt; sie muß der Freiheit, die ihre Wiege umwehet, entsagen und dem Dienste der Menschen tributpflichtig werden. Zahlreiche Mühlen, Hammerwerke, Schmelzhütten und Kupferhämmer fangen, eifersüchtig auf einander, die murrenden Wogen auf. Aber die erzürnte Najade entwindet sich den beengenden Fesseln und hadert nun, ihre Wuth austobend, mit dem Zillierbach, bis endlich beide Gewässer, des ewigen Streites müde, sich mit sapphonischer Zärtlichkeit umarmen. Die nun vereinten Bäche umspülen die Mauern der Stadt und treten dann ihre Weiterreise nach Derenburg u. Halberstadt an.

Wernigerode und Umgebung

Zunehmend mehr „Fremde" waren es, die vor gut 150 Jahren den Harz für sich entdeckten. Gröning sprach von den „Mühseligen und Beladenen", die da kommen, „wenn ihnen auf kurze Zeit gestattet ist, die Kerkerwände, von denen sie eingesponnen werden, zu sprengen oder die Zwangsjacke des conventionellen Geschäftslebens abzustreifen ... Da sieht man das ganze Sommersemester hindurch Beamte, welche den giftigen Aktenstaub, und während der Vakanzen Lehrer mit der ihnen anvertrauten Heerde, welche den Klassenstaub abschütteln, der die Brust mehr einengt, als der Staub von Italiens Heerstraßen."

Wie schon Brederlow vor ihm betonte auch er die wichtige Rolle der Eisenbahn in diesem Kontext. Als Produkt und Motor der Industrialisierung hat deren ständig erweitertes Streckennetz laut Gröning „schon jetzt aus Deutschland ein Spinnengewebe geformt", *das* „dem Harze sehr zu Statten" *kommt.*

Während man früher sein Testament machte und sich ... zum Tode vorbereitete, wenn man sich ein paar Meilen Weges von der Heimath entfernen wollte, kann man sich jetzt in größter Behaglichkeit und ohne irgend eine Gefahr zu befürchten, mit der Schnelligkeit eines Adlerfluges weiter bewegen lassen. So sind jetzt Magdeburg's Bewohner in Stand gesetzt, in Zeit von wenigen Stunden den Fuß des Harzes zu betreten, und sie können nun dem die Brust beklemmenden Steinkohlendampfe, der auf ihrem Neste wie der Fluch des Bösen ruht, bald weit entfliehen. Die Berliner bedürfen, um ihr Nervensystem durch die balsamische Bergluft zu erquicken, kaum einer Tagereise, und sie haben dann die mephitischen Dünste und das endemische Gift ihrer verrufenen Rinnsteine weit hinter sich. Die Entfernung von Leipzig nach dem Harze ist, wie man im gewöhnlichen Leben zu sagen pflegt, nur noch ein Katzensprung, denn nur das Opfer eines halben Tages ist für die Pleiße-Athen's Insassen erforderlich, um den Fuß des nördlichsten deutschen Gebirges zu erreichen; und selbst die Communikation mit Hamburg ist seit kurzer Zeit bedeutend erleichtert durch die Vollendung der Hannoverschen Eisenbahnen.

Pferdeomnibusse am Silbernen Mann, um 1895

Wernigerode und Umgebung

Noch überzeugender sind diese Ausführungen aus dem Jahre 1850, wenn man bedenkt, dass seit 1843 Halberstadt von Magdeburg und schon seit 1838 Bad Harzburg von Hannover aus mit der Bahn zu erreichen waren. In Wernigerode allerdings tat man sich augenscheinlich schwer mit jenem Fortschritt. Erst 1872 hielt in der Stadt zum ersten Mal ein Dampfross fauchend seinen Einzug. Jene langwierige verkehrstechnische Benachteiligung mag die Entwicklung des Fremdenverkehrs in Wernigerode sicher in gewisser Weise gebremst haben, aufhalten konnte sie diese jedoch keineswegs mehr. Schon in den 1850er Jahren wurde der Ort ...

> ... von vielen Fremden, zum Theil aus großen Fernen, aufgesucht, welche sich theilweise auf Wochen, ja auf Monate, in und um Wernigerode häuslich niederlassen, um die Natur der Umgebung kennen zu lernen und die Schönheiten derselben mit Muße zu genießen. ... Viele Einwohner von Wernigerode, Nöschenrode und Hasserode haben sich dazu eingerichtet, Sommerwohnungen an Fremde vermiethen zu können.

Der das schrieb, war mit der Gegend bestens vertraut. **Dr. Ferdinand Freytag***, Jahrgang 1800 und Schüler des Wernigeröder Lyceums, hatte in Göttingen Jura studiert und anschließend an einem Halberstädter Gericht gearbeitet, bevor er in die heimische Grafschaft zurückkehrte, um sich vornehmlich den Naturwissenschaften zuzuwenden.*

> In den Taschenbüchern für Harzreisende und überhaupt in den Schriften über den Harz ist die nähere Umgebung von Wernigerode, in Hinsicht der Darstellung der Naturschönheiten derselben, stiefmütterlich behandelt worden, was sie aber in Wahrheit nicht verdient; denn selbige bietet fast überall große Naturschönheiten dar.

So formulierte es Freytag, der in Konsequenz dieser Erkenntnis als Erster am Ort überhaupt ein eigens auf Wernigerode und die unmittelbare Umgegend zugeschnittenes Reisebüchlein verfasste. Sein kleinformatiger und gut 80 Druckseiten fassender **Führer in die Grafschaft Wernigerode, von der Stadt Wernigerode aus** *erschien 1855 und erlebte bis 1860 immerhin vier Auflagen.*

Wernigerode und Umgebung

Obwohl Freytag sein Hauptaugenmerk auf die Beschreibung der Naturschönheiten rund um Wernigerode legte, wusste er auch auf die Historie und die Merkwürdigkeiten der Harzstadt einzugehen:

Wernigerode, am nördlichen Fuße des Harzes, 9 ½ Postmeilen von Magdeburg und am Zusammenflusse des Zilliger-Baches mit der Holzemme belegen, ist der Hauptort der Grafschaft. Die früheste Geschichte dieser Stadt ruht im Dunkeln. Es ist wahrscheinlich, daß sie älter ist, als das dabei belegene Schloß, dessen jedoch schon im 12ten Jahrhundert Erwähnung gethan ist. Im 30jährigen Kriege ist diese Stadt heimgesucht worden; ganz besonders aber hat sie durch Feuersbrünste gelitten. Nach einer Zählung vom Jahre 1852 enthält sie 743 Häuser und 5591 Einwohner. ... Die Häuser

Ochsenteich und Schloss Wernigerode, aquarellierte Bleistiftzeichnung, Ernst Helbig, um 1850

Wernigerode und Umgebung

von Wernigerode tauchen freundlich aus ihren lachenden Umgebungen hervor. Die milde Verschmelzung der Gegenstände dieser Landschaft und die Abwechslung zwischen dunkeln Tannen- und Laubwaldungen, schönen Wiesen, gesegneten Fluren, Bergen und Thälern wirken wohlthätig auf das Auge. An der West- und Südseite ist Wernigerode von Bergen umgeben, welche nach Maßgabe der Entfernung von Zwergen bis zu Riesen emporsteigen. ... Im Norden und Nordosten

Schloss Wernigerode von der Flutrenne aus gesehen, Gouache, um 1800

grenzen ebene Wiesen und Felder an die Stadt, wovon die mit Laubholz bewachsenen Berge des Huy's und Fallsteins einen die Schönheit der Landschaft noch hebenden Hintergrund bilden.

Im Nordosten der Stadt liegen an der Holzemme mehrere Mühlen und ein Kupferhammer. Auf bemerkter Ebene erglänzen die Wasserspiegel mehrerer Teiche. Angenehm wirkt auf das Auge der Contrast, welcher entsteht, wenn im Frühling in und um Wernigerode Alles grünt und blüht, während der Brocken sein Wintergewand noch nicht abgelegt hat. Rings um die Stadt führen mit geschmackvollen Anlagen versehene Wege. An dem Marktplatze der Stadt steht das im 15ten Jahrhundert im mittelalterlichen Baustyl erbaute Rathhaus, und in der Mitte des Platzes erhebt sich ein Springbrunnen von Gußeisen.

Wernigerode hat 5 Kirchen. ... Die Stadt hat ein Lyceum, das die 4 untersten Classen eines Preuß. Gymnasiums enthält, ferner 5 Hospitäler, 1 Waisenhaus, 1 Krankenhaus, eine Rettungsanstalt für Mädchen und 4 Thore. ... In neueren Zeiten hat sie auch durch Neubauten und Pflasterung ein freundliches Ansehen erhalten.

Wernigerode und Umgebung

Endlich erscheint auch die Stadt selbst einmal in einem besseren Licht! Doch sollte man aus gutem Grunde nicht nur dem einheimischen Autor vertrauen. **Griebens Illustrirtes Handbuch für Reisende in den Harz** *aus dem Jahre 1859 ist sicher ein verlässliches Pendant zu den Freytagschen Ausführungen:*

Der Gefangenenturm an der Ringstraße kurz vor seiner Sprengung, 1889

Wernigerode besteht aus der eigentlichen Stadt, den Dörfern *Nöschenrode* und *Hasserode* und der mehr als hundertjährigen Colonie *Friedrichsthal*. Die altersgrauen Stadtmauern und geborstenen Thürme in derselben, sowie die alterthümliche Bauart vieler Gebäude, geben der Stadt ein eigenthümliches interessantes Ansehen. Es herrscht viel Gewerbs- und Handelsthätigkeit im Orte: man braut und brennt geistige Getränke, bereitet Tücher und gute Fleischwaaren, führt Bauholz aus, baut Tabak und Cichorien. Im Allgemeinen macht sich eine gewisse Wohlhabenheit, bürgerliche Geradheit und echte Frömmigkeit bemerkbar, wozu die Grafenfamilie selbst nicht wenig beigetragen. Hier ist der Sitz aller gräflichen Oberbehörden, eines königlich preussischen Landgerichts und eines gräflichen Landrathamts, auch eines Consistoriums und Forstamts. Bemerkenswerth sind der schöne *Springbrunnen* und das alterthümliche, durch seine eigenthümliche Holzconstruction und daran angebrachte Sinnsprüche ... interessante *Rathhaus* am Markt, welches letztere schon aus dem 12. Jahrh. stammt; ausserdem die *Liebfrauenkirche*, worin ein schönes Gemälde (Christus am Kreuz) von Bernhard Rhode, die *Sylvesterkirche* hinter dem alten Rathhause, mit alten gräflichen Grabmonumenten, ein paar *alte Häuser* in der Burgstrasse mit Erkern und Holzschnitzwerk, so wie das *Waisenhaus* mit seiner Schule.

Wernigerode und Umgebung

Wernigerode hat also tatsächlich den Durchbruch geschafft; keine Rede ist mehr von den schmutzigen Kanälen und den zu spitzen Pflastersteinen. Seinen zitierten Bemerkungen fügte allerdings auch Grieben wie viele seiner Vorgänger unumwunden hinzu:

Vor Allem sehenswerth ist jedoch das gräfliche *Schloss unmittelbar über der Stadt, auf einem 400 F. hohen Berge, mit seinen vielen Neben- und Wirthschaftsgebäuden. Es stammt aus dem 12. Jahrh. Die sanft gerundeten Höhen, welche dasselbe tragen, sind theils mit blumenreichen Wiesen, theils mit Holzungen bedeckt, welche letzteren einen 750 Morgen grossen (1 ½ Meile umfassenden), mit Wild besetzten *Thiergarten* einschliessen. Man steigt die Höhe durch einen nicht bewaldeten Theil desselben in ½ St. hinan. ... Das Schloss selbst, 400 Fuss über der Stadt, ist ein unregelmässiges, gut erhaltenes und mit 3 Thürmen geziertes Gebäude inmitten schöner Gartenanlagen, das ausser der ansehnlichen Kirche einen Speisesaal mit vollständiger Bildnissgalerie der gräflichen Familie von 1538 an, eine Waffensammlung und stattlich eingerichtete Zimmer enthält. Man beachte auch das Wasserbassin im Schlosshofe für die im J. 1727 angelegte, 2 Meilen lange unterirdische *Wasserleitung*, welche vom Hardenberge her schönes Quellwaser aus dem Harze heranführt; ferner das Gartenschloss im Kunstgarten am Fusse des Schlossbergs, mit Orangerie und ausgezeichneter *Bibliothek* (offen Mittwochs und Sonnabends 2 bis 4 Uhr) von fast 60,000 Bänden, in der allein an 3000 verschiedene Bibeln und 2000 Gesangbücher sich befinden; hier auch ein *Mineralienkabinet*, welches sämmtliche Mineralien

Hausmannsturm am Schloss Wernigerode
Bleistiftzeichnung von Robert Riefenstahl, 1879

Wernigerode und Umgebung

des Harzes umfasst, und eine vollständige *Pflanzensammlung* aller Brockengewächse. Man versäume auch nicht, den Thiergarten wie den Schlossgarten zu besuchen. Das Schönste ist jedoch die herrliche A u s s i c h t von der Höhe, eine der reizendsten auf der ganzen Nordseite des Harzes und besonders imposant nach dem Brocken zu. Die vielen Bergeinschnitte, welche gleichsam Engpässe zu schauerlichen Abgründen bilden, erhöhen den Eindruck wesentlich. Sowohl der Rückblick über den Harz fort auf den freiliegenden Brocken oder auf die jenseitigen Höhen, die eine Scheidewand zwischen dem Zilliger Bach und der Holzemme bilden (an welcher letzteren die nette Colonie Friedrichsthal sich recht friedlich in die Berge schiebt), wie auch andererseits die Einsicht in die flache, fleissig angebaute Ebene bis gegen Halberstadt hinab, sind wahrhaft genussreich. Man begnüge sich nicht mit einem Aussichtspunkte, sondern suche die verschiedenen benachbarten Plätze auf.

Auch **Freytag** *hob ähnlich Grieben das Schloss samt seiner Inneneinrichtung hervor. Im Gegensatz zu dem Berliner liefert er zusätzlich eine sehr detailreiche Beschreibung des Tiergartens. Jener ...*

... schließt das Schloß mit den um dasselbe stehenden Dienstwohnungen ein ... Die Oberfläche desselben besteht aus Thälern und Bergen, die größtentheils Waldungen, aber auch Wiesen enthalten. Die Gebirgsart daselbst besteht aus Thonschiefer und Grauwacke. Die Holzarten des Thiergartens sind: Eichen, Buchen, Eschen, Birken, Ahorn, Ulmen, Erlen, Linden, Roßkastanien und edle Kastanienbäume (Aesculus und castanea sativa). Der sonst dem südlichen Deutschland angehörende Spierlingsbaum (sorbus domestica) kommt wildwachsend in 2 Exemplaren darin vor. Von dem Nadelholz finden sich daselbst: Kiefern, Rothtannen, Weißtannen und Lärchen. Die Culturen im Thiergarten werden, um Beschädigungen durch das Wildpret davon abzuhalten, mit Verschlägen umfaßt. An der nördlichen Seite des Schloßberges stehen auch Obstbäume. ... Auch sind im Thiergarten drei herrschaftliche Lusthäuser, nämlich das Augustenhaus (grüne Häuschen), welches seinen Namen von der Mutter des zuletzt verstorbenen Herrn Grafen H e i n r i c h hat; ferner das Ernestinenhaus (auch Bauer- oder Schweizer Haus), welches seinen Namen von der Frau Gräfinn E r n e s t i n e, Gemahlinn des Herrn Grafen K o n s t a n t i n zu Stolberg-Wernigerode, führt, so wie auch das Haus im Christianenthale. Dieses wird von den Bewohnern von Wernigerode fleißig besucht, und man kann daselbst bei dem Thiergartenwärter Erfrischungen erhalten. Seinen Namen hat dieses Thal von der Frau Gräfinn C h r i s t i a n e bekommen, welche Aebtissinn zu Drübeck war. ... In dem Christianenthale sind Fischhälter, wodurch dasselbe gewinnt. Bänke findet man im Thiergarten an dazu geeigneten Stellen. Eine Bank auf einer Anhöhe über dem Christianenthale, der Habichtsfang genannt, ist ebenfalls eines Besuchs werth. Dasselbe gilt von der eisernen Bank um eine sehr stattliche Weißtanne, in der Nähe des Augustenhauses. Noch zu gedenken ist des Wildprets im Thiergarten. Selbiges

Rechts: Blick vom Bohlweg auf das Schloss, Aquarell von Albert Schöpwinkel, 1873

Wernigerode und Umgebung

besteht aus Edel- und Damwild. Im Sommer findet das Wildpret seine Aesung auf den Wiesen und im Winter wird es gefüttert. Auch weiße Edelhirsche sind darunter. Die Befriedigung des Thiergartens besteht aus Planken und zum kleineren Theil aus einer Mauer. Der Herr Graf Christian Ernst († 1771) machte die erste Anlage des Thiergartens, doch war er damals kleiner, als jetzt. Erst im Jahre 1786 wurde derselbe bis zu seinem jetzigen Umfange erweitert.

Etwas anders betrachtete **Kanzleirat Steinbrecher***, der zu Beginn des 20. Jahrhunderts seine Lebenserinnerungen aufzeichnete, die Gegend zwischen Lustgarten und Schloss in den 1860er Jahren. Handschriftlich überliefert sind diese Aufzeichnungen besonders deshalb lesenswert, weil in ihnen auch der Menschen gedacht wird, die seinerzeit hier lebten und arbeiteten:*

Der Schloßberg war in dem vorderen Teil, dem Abhang nach dem Kammergebäude zu, mit Obstbäumen bepflanzt, Hirsche ästen daselbst und kamen bis an das eiserne Eingangstor herunter. Zwei Hirsche, namens Gretchen und Blest waren so zahm und zutraulich, daß sie das hingehaltene Obst aus der Hand nahmen; nur zur Brunftzeit durfte man sich ihnen nicht nahen. ...
Der Fahrweg *[zum Schloss]* führte damals nicht über den Marstall (dieser Weg ist später angelegt), sondern ging vom Löwentor beim Lustgarten rechtseitig bergan, zwischen den beiden ... Häusern durch, links am Schuppen herum, nicht dicht an der Mauern, sondern oberhalb derselben entlang, machte dann eine Rechtsschwenkung und zog dann weiter bis aufs Schloß. Das Tor zwischen vorgenannten Häusern mußte immer geschlossen sein, damit die Hirsche nicht heraustreten konnten. Kam ein Wagen, so mußte der Kutscher recht laut rufen „Tor auf", als denn erschien der Torwärter Hoppe, öffnete und schloß solches wieder. In dem Bibliotheksgebäude wohnten in den Mansarden der Hofgärtner Kuhnicke, später Fintelmann sowie der Markscheider spätere Wegebaumeister Krahmer. Links von dem inneren Eingang zur Bibliothek war die Gartengehilfenstube.
Seitwärts der Bibliothek, wo jetzt das Palmenhaus steht, waren 2 kleine Häuser. In dem einen hauste der Gartenarbeiter Uder, in dem anderen der Hausdiener Voigt.

Von Letzterem und seinen besonderen Qualitäten wird im letzten Kapitel dieses Buches zu lesen sein.

*****

Links: Großes Tor an der Auffahrt zum Schloss, um 1890

Wernigerode und Umgebung

Dorfkirche und Klosterkirche Drübeck, Aquarell von Adolph S. Friederich, 1830

Nach diesen recht persönlichen Reflexionen sei noch einmal ein Rückgriff auf das **Freytagsche Büchlein** *gestattet; da es bereits mit ausgesuchter Modernität aufwartete, enthielt es selbst für Halbtags- bzw. Tagesbesucher nützliche Routenvorschläge:*

Dem, welcher nur ½ Tag in Wernigerode etc. sich aufhalten kann, ist der Besuch des Gräfl. Lustgartens, des Schloßberges und der Harburg ... zu empfehlen.

Der, welcher nur 1 Tag daselbst verweilen will, möge die erste Hälfte des Tages eben so, als im vorhergehenden Falle, die zweite Hälfte aber zum Besuch der steinernen Renne (incl. Renneklippen) und des Hohnsteins ... verwenden und zwar so, daß er sich von jener Partie direct nach dieser begiebt.

Rechts: Aussicht von der Schlossterrasse über den Lindenberg zum Brocken

Wernigerode und Umgebung

Den Gästen, welche sich im Gegensatz dazu „auf einige Zeit in Wernigerode, oder Nöschenrode, oder Hasserode häuslich niederlassen", empfahl Dr. Ferdinand Freytag eine ganze Reihe weiterer Ausflugsziele:

Die Charlottenlust und das Siehdichum. Nördlich von Wernigerode und ¾ Stunden davon entfernt. Es lohnt die Mühe, sich auch einmal einem kleinen Gange auf eine Anhöhe im Felde zu unterziehen, um auch von einem solchen Standpunkte die Umgegend von Wernigerode und das Harzgebirge ohne Hinderniß zu betrachten. Eine dazu geeignete Stelle bietet die auf dem Lustberge belegene Charlottenlust dar. Hier stehen Gräfl. Wirthschaftsgebäude, und daneben befindet sich ein Föhrenwäldchen, *vulgo* Lusthölzchen genannt, welches zu einem Schmucke der Umgegend von Wernigerode gereicht. Auf einem bei den Köhlerteichen vorüberführenden Wege gelangt man von Wernigerode dahin. Hier überschaut man nicht nur die reizenden Umgebungen genannter Stadt, sondern man hat da auch eine ausgedehnte und erhebende Ansicht von dem Harzgebirge, welche sich von den Bergen um Wernigerode bis zu denen der Gegend von Harzburg und vom flachen Lande bis zur Spitze des Brockens erstreckt. ... Nach allen anderen Seiten hin sieht man von dem Föhrenwäldchen aus auf frohes Landvolk bergende Dörfer, die aus ihrem Obstbaumgrün freundlich hervorblicken. ... Von hier kehre man über eine im Felde vorhandene Erhöhung (das Siehdichum) und dann das linke Ufer der Holzemme entlang nach Wernigerode zurück. Der Name »Siehdichum« ist selbstredend, und neben der Holzemme hin schlingt sich ein ländlicher Pfad durch freundliches Grün. Man hat auf demselben immer einen Blick auf das Harzgebirge.

Blick vom Hotel „Zur Sonne" auf den Neuen Markt, um 1920

Wernigerode und Umgebung

Mehr und mehr der sogenannten Sommerfrischler kamen in den Folgejahren nach Wernigerode; zudem firmierte die Stadt auch bald als Kurort. So wurden beispielsweise im Jahre 1875 über 500 Familien mit insgesamt 2 000 Personen gezählt, die sich hier als Besucher für einige Wochen und sogar Monate aufhielten. Hinzu rechnete man etwa 7 000 „Passanten", die nur für einen bzw. mehrere Tage am Ort weilten.

Die Häuser der Breiten Straße am Nikolaiplatz, vor 1908

Wernigerode und Umgebung

*Auch **Gustav Adolf Leibrock** war sich dieser Tatsache bewusst, als er fünf Jahre zuvor die zweite Auflage von **Brückner's Wanderbuch für Harzreisende** in den Druck gegeben hatte. Die von ihm gelieferte Beschreibung der Stadt war sicherlich von vielen jener Gäste gelesen worden:*

Wernigerode, die Stadt, kann eine schöne Stadt nicht genannt werden, dennoch fesselt sie im Sommer hunderte von Fremden Monate lang, denn ihre Lage ist reizend, reizend ihre Umgebung. In der Stadt selbst sind nur ein paar mittelalterliche Gebäude bemerkenswerth, unter ihnen das Rathhaus, die ihre ursprüngliche Gestalt durch viele Jahrhunderte so unverändert bewahrt haben, daß sie eine Zierde selbst Nürnbergs sein würden; sowie die Liebfrauenkirche mit einem schönen Christusbilde und die Silvesterkirche mit den gräflichen Monumenten. Unmittelbar vor den altersgrauen, thurmreichen Stadtmauern erhebt sich der 400 F. hohe Schloßberg. Er trägt eine der schönsten Perlen im Diademe des Harzes, das Residenzschloß der Grafen von Stolberg-Wernigerode. Durch einen Theil des wildreichen Thiergartens führt ein schöner Weg nach oben, wo wir auf allen Seiten des Schlosses einen wundervollen Blick genießen; von der Nordseite ins Land bis über den Fallstein und die Asse hinaus; von der Südseite auf den in seiner ganzen Majestät herüberragenden Brocken, wohl eine der schönsten Aussichten im Harze. Das Schloß selbst, uralt, ziemlich unregelmäßig gebaut, ist gleichwohl sehenswerth. Der gegenwärtig regierende Graf Otto von Stolberg-Wernigerode (jetzt Oberpräsident der Provinz Hannover) hat dasselbe mit Umsicht und Verständniß restauriren lassen und mit möglichster Schonung des Alterthümlichen in den alten Bau Eleganz und Bequemlichkeit hineingelegt. Beachtung verdient eine Wendeltreppe, eine Nachbildung der berühmten Fürstentreppe zu Meißen, ferner der Ahnensaal, der Waffensaal und die reiche und geschmackvolle Ausstattung der Zimmer der Frau Gräfin.

Harnische der Ausstellung im Schloss

Links: Wernigeröder Rathaus und Marktbrunnen, 1898

Wernigerode und Umgebung

Auch Leibrock beschränkte sich nicht darauf, ausschließlich Stadt und Schloss nebst der unmittelbaren Umgebung zu skizzieren. Wie schon Freytag und manch anderer der zitierten Autoren verstand er es gekonnt, Lust auf die Naturschönheiten abseits der Mauern, Türme und kultivierten Gärten zu wecken. Ähnlich Spieker empfahl er – mit einem zeitlichen Abstand von zwei Jahrzehnten – einen Abstecher zur Steinernen Renne:

Der Weg dahin führt von dem Gasthofe „Hohnstein" in Hasserode in den schönen Tannenwald, an dem silbernen Mann, einem schönen Quarzfelsen, vorüber und steigt dann an den Felsenufern der Holzemme steil aufwärts. Ist der Fluß nicht in Folge anhaltender Trockniß zu seicht und wasserarm, ist er im Gegentheil im Frühjahr oder nach starkem Regen bedeutend angeschwollen, so bietet er einen imposanten Anblick. In einem Felsenbette, dessen wilder und düsterer Charakter fast nirgends im Harze seines Gleichen hat, braust er uns mit rasendem Ungestüm von der jäh ansteigenden Höhe entgegen, aufgelöst in Schaum und schimmernden Wasserstaub, über hunderte von Flesblöcken niederstürzend und ebenso viele donnernde Wasserfälle bildend. So weit das Auge hinaufschauen kann, reiht sich Sturz an Sturz unter den düstern, ernsten Tannen; und je weiter wir hinaufdringen, desto mehr steigert der Waldbach seine Wildheit, entfalten die seitwärts ragenden Felswände, der Teufelsberg, die Renneklippen und der in feenhafter Weiße glänzende Bielstein, ihre Pracht und ihre furchtbare Schönheit vor dem überraschten Auge. Zwei Brücken sind über diese tosenden Abgründe gelegt. Bei der obersten, von der aus man einen bezaubernden Blick durch die Thalöffnung in die freie Ebene genießt, bezeichnen ein Paar Moosbänke die Stellen, welche den freien Blick in die sprühenden und rastlos wirbelnden Wassermassen gewähren. Seit 1869 ist auch hier ein sehr willkommenes gastliches Etablissement entstanden, welches sowohl den Besuchern der Wasserfälle Erquickung bietet, als auch den von Wernigerode nach dem Brocken Wandernden,

Gasthaus an der Steinernen Renne

Wernigerode und Umgebung

als Ruhestation dient. Noch höher hinauf gelangen wir zu der Wiege des Flusses, der H ö l l e . Tausende von Klippen liegen im wilden Chaos übereinander, schwarze Schluchten und tiefe Schlünde gähnen zwischen den öden Felstrümmern, und unter ihnen, in der dunkeln Tiefe, da braust es dumpf und furchtbar, denn da wälzen sich, jetzt dem Auge unsichtbar geworden, die Wassermassen der Holzemme auf ihrer unterirdischen Bahn durch die Spalten der über ihnen lagernden Felsblöcke.

Da Leibrock in seinem Vorwort schon auf den „Zauber der Vergangenheit in ernster Geschichte und tändelnder Sage" zu sprechen kam, durften Auskünfte zur Historie des Ortes natürlich auch nicht fehlen:

Die G e s c h i c h t e von Wernigerode beschränkt sich auf die Erzählung von unablässigen Fehden und R a u b z ü g e n ihrer Grafen, deren Geschlecht, aus dem grauesten Alterthume stammend, zu den mächtigsten des Harzes gehörte. Unglückliche Raubzüge bereiteten 1386 einem der Grafen, Dietrich v. W., ein schmachvolles Ende. Wegen eines Ueberfalles der Blankenburg ohne Absagebrief von dem Ritterbunde zur Aufrechterhaltung des Landfriedens vor ein Fehmgericht bei Heimburg gefordert, wurde er verurtheilt, durch Schwert und Strang getödtet zu werden, und dies Urtheil auf der Stelle vollzogen. Bald darauf, 1429, erlosch das Geschlecht mit dem Grafen Heinrich. Durch Graf Botho kam das Haus S t o l b e r g in Besitz der Grafschaft, welches sich noch heute darin befindet, jedoch unter preußischer Hoheit.

St. Theobaldi in Nöschenrode, einst Sühnekapelle für den wegen Landfriedensbruch hingerichteten Grafen Dietrich von Wernigerode

Sind die benannten Fakten aus heutiger Sicht soweit korrekt, verrät die Darstellung dennoch deutlich, dass sie aus der Feder eines Autoren stammt, der Wernigerode nicht sein Zuhause nannte.

Wernigerode und Umgebung

Fachwerkensemble an der Schönen Ecke

Welchen Entwicklungssprung der Ort schließlich noch einmal in den drei Jahrzehnten nach der Gründung des Deutschen Kaiserreiches und im 19. Jahrhundert insgesamt vollzogen hat, veranschaulicht eine 1901 in der renommierten und bis in die 1930er Jahre aufgelegten Reihe **Land und Leute. Monographien zur Erdkunde** *erschienene Schrift* **Friedrich Günthers** *mit dem Titel* **Der Harz**:

Die Einwohnerzahl der Stadt hat sich von 4036 im Jahre 1813 auf 11 600 im Jahre 1900 gehoben. Damals durch ihre engen, schmutzigen Straßen mit abscheulichem Pflaster bekannt, gehört „die Stadt vor dem Brocken" ... mit ihren ansehnlichen, schmucken Neubauten, ihren breiten, wohlgepflegten Straßen, mit denen schöne Promenaden wetteifern, jetzt entschieden zu den schönsten unserer Harzstädte. – Von mittelalterlichen Bauwerken hat sich außer dem stilgerechten Rathause ... von 1498 noch manches interessante Wohnhaus erhalten, von denen besonders das Gadenstedtsche aus dem Jahre 1582, das Gotische und das Frankenfeldsche der Besichtigung wert sind ...

Rechts: Wernigeröder Schloss vom Ernst-Moritz-Arndt-Weg aus gesehen

Wernigerode und Umgebung

Günthers Einschätzungen haben unbestritten bis in die Gegenwart Bestand. Einzig die Gebäude, die er vor gut einem Jahrhundert als „ansehnliche, schmucke" bzw. „prachtvolle Neubauten" deklarierte, zählen heute in ihrer historistischen Gestalt ebenfalls zu den historischen. Selbstredend vergaß der Verfasser dieser Zeilen in seiner Darstellung nicht das Schloss, das der Initiative des Grafen Otto zu Stolberg-Wernigerode und dem Einfallsreichtum seines Architekten Karl Frühling das heutige, märchenhaft anmutende Antlitz verdankt:

Auf mächtigem, waldigem Berge erhebt sich, 120 Meter über der Stadt, inmitten herrlicher Gärten und Parkanlagen, mit stattlichen Türmen und blinkenden Zinnen das fürstliche Schloß ..., ein prachtvoller Neubau, in den sich die benutzbaren Reste der alten Grafenburg harmonisch einfügen. Entzückend schön ist dort oben der Blick über die reizvollen Waldthäler, unter denen das Christianenthal ... mit seinen Teichen und Wiesen, seinen Weiden und Riesenfichten sich durch Lieblichkeit auszeichnet, in die tannengekrönten Harzberge bis hin zum alles beherrschenden Brocken und über die stattliche Stadt zu Füßen hinweg in die weite, lachende Ebene mit den dicht hingestreuten Ortschaften.
Nimmt es unter den Harzschlössern jetzt entschieden die erste Stelle ein, so werden ihm überhaupt nur wenige Bergschlösser in Bau und Lage an Schönheit gleichkommen.

Nordostseite des Schloss-Innenhofes, spätestens 1865

Wernigerode und Umgebung

Alles ist da, was das Herz begehrt, lustiges Leben und träumerische Stille, städtische Eleganz und dörfliche Einfachheit, flutender Fremdenverkehr und feststehende Eigenart, neue Bauart und alte Architektur; sie ist die Stadt der bunten Gegensätze, die zu einer stimmungsvollen Einheitlichkeit verschmolzen sind. Schon die Lage ist eigener Art; zwischen dem fröhlichen Vorharz und dem ernsten Oberharz schmiegt sich die Stadt an der Stelle hin, wo die wildverwegene Holtemme und der stillsinnige Zillierbach ineinanderrinnen, und in beider Flüsse so verschiedenartig gestaltete Täler dringt die Stadt mit ihren stattlichen Töchterstädten hoch in die Berge und tief in die Täler vor und drängt immer mehr nach der bunten Ebene hin.

So liegt sie da, dem Brocken nahe, dem Hügellande und der Getreideebene, auf der Grenze zwischen Nadelwald und Laubholz, Granit, Schiefer, Kalk, Sandstein und Lehm, zwischen drei verschiedenartigen Floren- und Faunengebieten, auf der Scheide zweier Temperamente, dreier Baustilarten, und darum ist sie so reich an Reizen, ist sie bunt und so schön.

Spätestens der letzte Satz verrät es: Diesmal ist wirklich **Herrmann Löns** *Urheber jener Zeilen. Doch vergleicht man deren Stil und Bilder mit den einige Jahre zuvor von Hans Hoffmann fabulierten Variationen, so sind sie jenen in Gehalt und Gestalt recht ähnlich. Sicher hatte Löns während seines Aufenthalts in Wernigerode Hoffmanns Monographie zur Kenntnis genommen. Warum sollte er sich dann von ihr nicht auch inspirieren lassen?*

* * * * *

Brockengebiet und Ilsetal

Süd-östliche Ansicht des auf der äussersten Höhe des Brockens neu erbaueten

„Wer also nicht bloß nach dem Brocken reiset, um sagen zu können: er sei auf dem Brocken gewesen, der muß, um seine Schönheiten und Merkwürdigkeiten in abnehmender Zerstreuung kennen zu lernen, ihn oft und wiederholt bereisen."
Christian Friedrich Schröder, 1785

Das Brockenhaus, kolorierter Kupferstich von J. Koch, 1800

Brockengebiet und Ilsetal

Mit dem Schluß des Jahrhunderts hat der Brockenbesuch eine ganz neue Gestalt gewonnen; in langen Zügen strebts hinauf, wie bei einer kleinen Völkerwanderung, aber nicht zu Pferde, zu Fuß, oder, wie es längere Zeit Brauch war, auf Mauleseln, sondern unmittelbar aus der dicht besiedelten Ebene dringt das Dampfroß in den Bergwald, windet sich, kühn emporsteigend, in vielen Bogen durch das Gebirge an steilen Hängen und durch Felseinschnitte, endlich durch Hochmoore. Wie auf sanftem Schlummerpfühl wird der Fahrgast bei stetem Wechsel der Landschaft zum Scheitel des Gebirges emporgeführt; wie ein Traumbild entfaltet sich vor seinen Augen die großartige Gebirgslandschaft auf der letzten Wegstrecke. Nicht nur der kräftige Jüngling und Mann, auch der Schwache und Erholungsuchende kann nun die gesunde Höhenluft und die Schönheiten der Gebirgslandschaft genießen.

Eröffnungsfahrt der Harzquer- und Brockenbahn am 27. März 1899

Brockengebiet und Ilsetal

*Diese neueste Annehmlichkeit für die Brockenreisenden pries der Wahl-Wernigeröder **Dr. Eduard Jacobs** in dem im Jahre 1900 in Berlin herausgegebenen Sammelband mit dem Titel **Die Provinz Sachsen in Wort und Bild**. Für diejenigen, die den höchsten Harzgipfel jedoch weiterhin lieber traditionell erobern wollten, fügte er fast wie zur Beruhigung hinzu: „Daneben findet aber der rüstige frohe Wandersmann Gelegenheit genug, mit seinem Wanderstabe durch die grünen Waldthäler und auf steilen Bergpfaden hinaufzuklimmen und seine Kraft zu stählen." Heute, mehr als einhundert Jahre nach dem Erscheinen jener Zeilen, stellt sich die Situation noch immer ähnlich dar.*

Wie viel mehr an Mühe aber den Brockenpilgrimmen vergangener Jahrhunderte abverlangt wurde, mag folgende Beschreibung illustrieren, die zu den ältesten gedruckten Zeugnissen ihrer Art zählt:

Als man den 5. Julii Anno 1653. bey früher Tage-Zeit von Ballenstät abgereiset / sind wir darauf ... zu Planckenburg angelanget / von dannen wir uns also fort / und nach voreingenommer Mittags-Mahlzeit nacher Reinstein hinauf ... begeben ...

Als wir uns hernach von Reinstein wieder hinunter begeben ... sind wir darauf selbigen Tages durch Wernigeroda noch biß Ilsenburg gereiset. Da wir nun zu Ilsenburg (so dem Herren Grafen zu Stollberg oder Wernigeroda zuständig ...) selbigen Abend angelanget / haben wir *præparatoria* gemacht / des darauf folgenden frühesten Morgens die Reise auf den hohen Blockes-Berg fort zu setzen. Den 6. Julii nun früh vor Tage haben wir uns aufgemacht / und nebenst dem Weg-Weiser umb 2. Uhr früh die Reise angefangen / da wir dann / reitende / 15. Personen und 12. Pferde starck / über unterschiedene Bäche / Brücken / und durch dicke Büsche bey einem ziemlichen hohen Felsen / Ilsenstein genannt / vorbey / alles Berg aufwerts fort paßieret / und als wir in die 2. gute Stunden den Berg hinaufwerts in Morast / in Steinen / in ungebähntem Wege / darbey die Pferde manchen sauern / unsachten / und gefährlichen Tritt thun müssen / geritten / haben wir / wegen des allzu bösen Weges / nicht weiter zu Pferde fort kommen können / sondern alle von Pferden absteigen / und zu Fuß vollends gehen und gleichsam hinauf klettern müssen / da wir dann abermahls also zu Fuß gehende in die 2. gute Stunden zubracht / ehe wir den höchsten Gipfel des Berges erreichet.

Die gantze Zeit über ... haben wir stätig dunckel und thauichtes / näßliches Wetter gehabt / ie höher wir aber auf dem Berg kommen / ie dunckler / näßer / und kälter Wetter und Lufft wir empfinden müssen / biß endlich auf der Höhe / als wir dieselbe erreichet / wir eine solche kalte Lufft gefunden / daß wir fast nicht dafür dauren können / ja von dem Reif und Frost wir alle gantz weiß / als wären wir beschneyet / außsahen. Dann ... gegen 7. Uhr ... so bald es ein wenig hell wurde / und die Sonne die meisten Dünste verzehret / und die Wolcken abgetrieben / kunten wir uns nach allen Orthen umbsehen / daß einem das Gesichte darüber vergieng: Dann es anders nicht schiene / als wenn wir vom Himmel herab die gantze Welt übersehen

111

Brockengebiet und Ilsetal

könten / in dem alles / was wir sahen / und wohin wir sahen / viel niedriger war / als der Orth / da wir uns befunden / und kunte das Gesichte die Weite umb uns herumb fast nicht begreiffen ... in dem man gleichsam in einem Augenblick nicht allein so viel Länder / Fürstenthümer / und Provincien des Heil. Reichs und in Teutschland beschauen; Sondern auch die Wirckung der Lufft / die Durchstreichung der Wolcken / nicht ohne Verwunderung und Entsetzung / allda sehen und empfinden kan ... Auf dem Berge oben waren gantz keine Bäume / sondern alles mit langem Graß / Kräutern / und Wurtzeln bewachsen / alles sumpficht / morastig / und voll Mooß / aber recht oben entspringet ein schöner / klarer / und gesunder Brunnquel so gar einen guten Geschmack im Trincken hat. ... Dieser Ort und Gipfel des Berges ist ziemlich weit begrieffen ... nur langsam abhängig / also / daß man gantz ohne Gefahr oben herumb gehen kan. Wenn ein Rohr darauf abgelöset wird / so giebet es gar einen schlechten Knall / und gar keinen Wiederschall. ...

Als wir nun also oben auf dem Berge bey nahe anderthalbe Stunde lang verharret / und uns umbgesehen / und der starcken Kälte wegen fast nicht länger außharren konten / haben wir uns endlich allgemach wiederumb hinunter zu Fuß begeben / so allbereit umb 8. Uhr vor Mittage gewesen / da wir dann mit ziemlicher Müh und Arbeit den gantzen unwegsamen und ungebahnten / ja meistentheils sehr morastigen und steinichten Weg / biß die Helffte des Berges herunter / da die Pferde unser gewartet / *absolviret* / daselbst uns auf die Pferde wiederumb gesetzet / und also vollends biß hinunter nach Ilsenburg geritten.

Titelblatt des Brockenbuches von Johannes Praetorius

Der Ilsestein im Harz, kolorierter Kupferstich, um 1800

Brockengebiet und Ilsetal

Veröffentlicht wurde dieser Text in den Jahren 1668 und 1669 in einem Buch, das bis in die Gegenwart hinein zu den Klassikern der Brockenliteratur gehört: **Blockes-Berges Verrichtung / Oder Ausführlicher Geographischer Bericht / von den hohen trefflich alt- und berühmten Blockes-Berge.**
Dessen Autor bzw. Herausgeber, der 1630 in der Altmark als Hans Schultze geborene **Johannes Praetorius**, *der sich 1652 an der Alma mater Lipsiensis immatrikulierte und später Leipzig, die Stadt seiner Studien, bis zu seinem Tode im Jahre 1680 zum Lebensmittelpunkt auserkor, war mit großer Wahrscheinlichkeit nie selbst auf dem Brocken gewesen.*
Der Berg samt den mit ihm verknüpften Mythen und absonderlichen Hexengeschichten hatte den Universitätslehrer und Schriftsteller jedoch so fasziniert, dass er die gesamte seinerzeit verfügbare Literatur zum Thema – das Spektrum reicht von Arbeiten antiker und mittelalterlicher Autoren bis hin zu zeitgenössischen Schriften – eingedenk der seit Generationen im Volke kursierenden Sagen und Legenden aufgegriffen und verarbeitet hat.
So findet der Leser in dem knapp 600 Seiten umfassenden und systematischen Werk unter anderem Ausführungen zu allen Aspekten des Hexen(un)wesens. Der dem Band vorangestellte Holzschnitt verdichtet schließlich die verbalen Schilderungen zum walpurgisnächtlichen Treiben auf dem Blocksberg auf ganz andere Weise. Warum im Zentrum jener ausschweifenden Darstellung ausgerechnet eine Hexe einem teuflischen Schafbock den Schwanz küsst, erklärte Praetorius wie folgt:

Den du als einen Bock ansiehest / den sehen nicht alle in solcher scheußlichen Gestalt an / sondern nur diese / welche schon lang bey der Zauberey gewesen / und darinne also bestätiget / daß kein Abfal von ihnen zu GOtt mehr zu förchten. Den Ankömlingen aber / die du alhier in grosser Menge siehest / und an welchen noch zu zweiffeln ob sie beständig verbleiben möchten / die werden und sind verblendet / und sehen ihn alda nit in eines Bocks Gestalt sitzen / sondern sie vermeinen / sie sehen ihn an / als wann er ein grosser Fürst were; und wann sie seinen Hindersten küssen / vermeinen sie / sie küssen ihm die Hände / und etliche / sonderlich die Weibs-Personen / das Mannliche Glied.

Detail des Titelbildes der Schrift von Praetorius

Brockengebiet und Ilsetal

Die Walpurgissage nährt die Phantasie der Menschen seit vielen Generationen, nicht nur im Harz. War diese Mär im 16. und 17. Jahrhundert manch angeblicher Hexe noch zum grausamen Verhängnis geworden, hat sie spätestens Goethe in seinem Faust vollends literarisch kultiviert.
Worin aber liegen eigentlich die Ursprünge für jene Legende, derer sich seit etwas mehr als einhundert Jahren die Hoteliers und Gastronomen rund um den Brocken so erfolgreich bedienen, um ihre neue Saison frühzeitig zu eröffnen?
Mit einer recht triftigen Erklärung wartete schon 1798 das **Wernigerödische Intelligenz-Blatt** *im zweiten Jahr seines Erscheinens auf. Unter der Überschrift* **Ueber den Ursprung der Sage von der Hexenfahrt zum Brocken** *offerierte der Redakteur seiner Leserschaft nachstehendes Angebot:*

… der Schlüssel zu dem räthselhaften Märchen von jenem wundervollen Luft-Ritte *[liegt]* in der Geschichte Karls des Großen. Als dieser berühmte Franken-König, mit eben so vielem Bekehrungs- als Eroberungsgeiste, die kriegerische Schaubühne in Deutschland betrat, waren die Deutschen, namentlich die Sachsen, noch freie Völker voll Kraft und Muth, die sich durchaus keiner fremden Herrschaft unterwerfen wollten. Als eifrigen Götzendienern lag ihnen die Religion ihrer Väter nicht weniger als ihre Freiheit am Herzen. Karl bot alle seine Kräfte auf, sie zu überwinden. Dies verwickelte ihn in einen Krieg, der über drei und dreißig Jahre dauerte. Oft wurden die Sachsen geschlagen; aber nach jedem Siege Karls, und nach jedem Friedensschlusse griffen sie immer wieder zu den Waffen; und nach jeder scheinbaren Annahme des Christenthums, kehrten sie zum Götzendienste zurück. Dies erbitterte Karln zuletzt so sehr, daß er, nach damaligen schrecklichen Begriffen, Gewalt! brauchte, viele, die sich nicht wollten taufen lassen, niederhauen ließ, und ein Gesetz gab, das dem Feuereifer eines Spanischen Großinquisitors angemessen ist. Alle diejenigen nämlich, welche die christliche Taufe anzunehmen sich weigern, oder unter dem Christen-Namen sich verstellen, und, trotz dem Bekenntniß des Christenthums, fortfahren würden, als Heiden zu leben und den Götzen zu dienen, sollten mit dem Tode bestraft werden!
Die heidnischen Sachsen mußten zwar endlich der Gewalt weichen, und öffentlich die Taufe annehmen; allein in ihren Herzen blieben sie Heiden, und wenn sich Karl mit seinem Kriegsheere zurückgezogen hatte, opferten sie in den Wäldern wieder den Götzen. Der König ließ darauf alle ihre Altäre und Götzenbilder zerstören; und da sie nun in der Ebene gehindert wurden ihre Opferfeste zu feiern, so nahmen sie ihre Zuflucht zu den Waldungen und Gebirgen des Harzes, namentlich zu dem Gipfel des Brocken, der damahls noch wenig zugänglich seyn mogte, und wo man sich schwerlich getraute, sie zu verfolgen. Indessen ließ Karl, der bald Nachricht davon erhielt, an den vorzüglichsten Opferfesttagen die Zugänge zu den Gebirgen, namentlich zum Brocken, mit Wachen besetzen. Allein die Sachsen, welche, wie alle wegen des Glaubens Verfolgte, der Religion ihrer Väter um so eifriger anhingen, sannen auf List, um an den Freuden ihrer

115

Brockengebiet und Ilsetal

Walpurgisnacht, Postkarte, um 1910

Osterfeste Theil nehmen zu können. Sie verkleideten sich in scheußliche Larven, und bahnten sich den Weg zu ihren Götzen, indem sie des Nachts die Wachen erschreckten, die beim Anblick dieser Teufelsgestalten um so geschwinder die Flucht ergriffen, da die Theilnehmer der nächtlichen Opferzüge, auf alle Fälle gefaßt, mit Heuforken oder Feuergabeln bewaffnet waren. Diese gebrauchten sie, im Nothfall, sowohl zum gewaltsamen Bestürmen und Verdrängen der christlichen Wache, als auch zum Schutz gegen wilde Thiere. Vielleicht bedurften sie ihrer auch beym Opferfeuer selbst, theils zum Nachlegen des Holzes, theils zum Herausziehen der Feuerbrände, mit welchen in der Hand sie, in Schmauß und Fröhlichkeit, um das Opferfeuer herumtanzten. Da auf den Höhen des Harzes, wenigstens auf dem Brocken, am Feste der ersten Mainacht gewöhnlich noch Schnee liegen mochte, so bedurfte man vielleicht der Besen auf welchen die Sage die Damen der Walpurgisnacht reiten läßt, zum Fegen und Reinigen des Opferplatzes.

Die damaligen Christen hielten den Götzendienst für Teufelsdienst, und glaubten nichts gewisser, als daß der Teufel selbst, trotz der mit christlichen Wachen besetzten Zugänge zu den Opferplätzen, seine treuen Anhänger unterstütze, und durch die Luft zum Brocken hinauf führe. Ein Wahnglaube, welchen die abergläubige Wache, durch ihr Geschwätz von den gesehenen Teufelsmasken und Hexengestalten, zur Bemäntelung ihrer Flucht, entweder veranlaßte oder nährte, indem sie ihm nicht widersprach.

Auf diese historisch wahren Umstände gründet sich das unsinnige Märchen von der Hexenfahrt auf den Brocken.

*Rechts: „Perspectivische Vorstellung des berühmten Blocken oder Blokenbergs"
Kupferstich von 1749 nach einer Zeichnung von L. S. Bestehorn aus dem Jahre 1732*

Brockengebiet und Ilsetal

Besaßen Brockenexkursionen bis hinein in das 17. Jahrhundert eher Seltenheitswert, nahm deren Anzahl nach Ende des Dreißigjährigen Krieges und dem Abzug der letzten ausländischen Kriegsvölker aus der Grafschaft Wernigerode langsam, aber stetig zu. Magdeburgs berühmter Bürgermeister Otto von Guericke und Russlands Zar Peter I., die 1658 bzw. 1697 den Berg erklommen hatten, gehörten fraglos zu den prominentesten Brockenbezwingern der Barockzeit. Letztendlich avancierte der weithin sichtbare Berg im Zeitalter von Aufklärung und Vernunft zum Reiseziel im Harz schlechthin; 150 bis 400 Wagemutige sollen es gewesen sein, die ihren Fuß in der zweiten Hälfte des 18. Jahrhunderts jährlich auf den Gipfel setzten – Tendenz steigend.
Maßgeblichen Anteil an der Erschließung des Berges hatte Graf Christian Ernst zu Stolberg-Wernigerode, der mit Herrschaftsantritt wie seine Vorgänger seit alters her Besitzer des Brockens geworden war. Über das Engagement jenes Reichsgrafen vermerkte 1785 **Christian Friedrich Schroeders** *in seiner* **Abhandlung vom Brocken und dem übrigen alpinischen Gebürge des Harzes**:

Der Graf Christian Ernst von Stolberg ließ es sich bey seiner 61 jährigen merkwürdigen Regierung sehr angelegen seyn, auch seinen rauhen Brocken besser zu benutzen. Diesem in der Geschichte seines Hauses unvergeßlichen grossen Manne hat ein jeder Brockenreisender die Bequemlichkeiten, die er auf dem Brocken selbst, und auf dem Wege dazu, genießt, zu verdanken. Er ließ die beyden Wege eröffnen, die ich jetzt beschreiben will, und brachte es so weit, daß man jetzt zu Wagen auf den Brocken kommen kann. Ein Werk das einem König Ehre machen würde. Ein jeder, der zu Pferde oder Wagen den Brocken besuchen will, muß sich schlechterdings so lange einen davon wählen, bis nicht ein Montgolfierscher Luftwagen zu den Brockenreisen gemacht wird, worin man dann freylich der langsamen und sehr beschwerlichen Fahrt auf der Achse überhoben seyn wird.

Als Wernigeröder kam Schroeder natürlich nicht umhin, seinen Lesern in diesem Kontext noch eine Empfehlung auszusprechen:

Der in allem Betracht bequemste und angenehmste Weg nach dem Brocken geht von Wernigerode, so dem Brocken gerade Morgenwerts, und an seinem Fusse liegt, dahin.

Brockengebiet und Ilsetal

*Die im vorherigen Kapitel vorgestellten und zitierten wichtigen Harzsachbuchautoren des 18. Jahrhunderts **Julius Bernhard von Rohr** und Johann Friedrich Zückert haben den Brocken in ihren Darlegungen eher zurückhaltend behandelt, denn beide hatten den Berg selbst nicht erstiegen. Von Rohr gab 1736 dazu nachstehende Erklärung ab:*

In dieser Grafschafft zeiget sich auch der sogenandte Blocks-oder Brocks-Berg, welcher noch eine kleine Meile von dem Flecken Ilseburg entfernet ... Dieser in Teutschland sehr beruffene Berg verdiente allerdings eine besondere Abhandlung, nachdem aber das Wetter schon allbereits zu rauh war, da ich mich in seiner Nachbarschafft aufhielt, solchen mit Nutzen und Vergnügen zu besteigen, ich aber nicht gesonnen bin andere auszuschreiben, so werde die Besichtigung und Beschreibung des Berges, einer andern Zeit vorbehalten.

Ein löblicher Vorsatz, statt bei anderen abzuschreiben, selbst noch einmal wiederzukommen!
*Das Engagement des Grafen Christian Ernst zur Erschließung des Brockens erschöpfte sich nicht darin, die neuen Fahrwege anlegen zu lassen. Auf seine Initiative hin errichtete man 1736 auch das erste Gebäude mitten auf dem Plateau des Berges, das noch in einer „Aufstellung aller herrschaftlichen Häuser" aus dem Jahre 1747 schlicht als das „kleine Haus auf dem Brocken" Erwähnung fand. Die spätere, so märchenhaft anmutende Bezeichnung „Wolkenhäuschen" geht auf den soeben zitierten **Christian Friedrich Schroeder** zurück:*

Dieses kleine Haus hat keinen rechten festgesetzten Namen, und man umschreibt es damit, daß man sagt: das Häuschen oben auf dem Brocken. Sein grosser Erbauer; **Graf Christian Ernst**, sahe es zu sehr für eine Kleinigkeit an, seinen Werken Namen zu geben, er nannte auch nichts nach sich, und suchte sich nur mehr durch gute Handlungen als durch Namengeben auf die Nachwelt zu bringen.
Inzwischen verdient dieses wichtige Stück der Brocken-Topographie allerdings ... einen eignen Namen. Wäre es ein halbes Jahrhundert ehe angelegt worden, so würde es gewiß im Geschmack der damaligen Zeiten, den Namen Hexenhäuschen oder Hexen-Tempel bekommen haben. Sollte es wohl unrecht seyn, wenn ich meine Leser bäte, solches nach seiner Bestimmung und Lage, da es mehrentheils in Wolken liegt, und die Brockenwandrer gegen die Wolken schützen und aufnehmen soll, das **Wolkenhäuschen** zu nennen?

Weitere, vom Grafen Christian Ernst und seinem ältesten Sohn, dem Grafen Heinrich Ernst, bzw. von deren Beamten gedachte Maßnahmen zielten darauf, das unwirtliche Brockengebiet nutzbar zu machen.

Brockengebiet und Ilsetal

*So schrieb zum Beispiel der Wernigeröder Kammerdirektor **Johann Friedrich Wagner** am 13. August 1747 dem Erbgrafen:*

> *[Ich] bin endlich auf die Gedancken gekommen, ob es nicht ratsam sey, eine Colonie von etlichen Familien aufm Brocken anzusetzen, welche keine andere Feuerung brauchen dürfte, als den schlechten Torf, den sie sich selbst, wo sie angewiesen würden, abstechen und trocknen müßen?*

* * * * *

*Doch zunächst wurde niemand auf dem Berg angesiedelt. Bereits vier Jahre zuvor hatte der regierende Graf indes auf der nach seinem ältesten Sohn benannten Heinrichshöhe bauen lassen, um den dort arbeitenden Torfstechern und vorbeikommenden Brockenreisenden Schutz und Unterkunft zu gewähren. Ein **gräfliches Inventarverzeichnis**, aufgenommen am 8. Mai 1749, enthält folgende Beschreibung der errichteten Häuser:*

1. Das Marquetender Wohnhaus, nebst Kuh- und Pferdestalle ist 64 Fus lang, 32 Fus breut, 9 Fus hoch bis unter das Dach gemauert, und mit einem Strohdache, auf welchen aber auf beyden Seiten 4 Reihe, und auf den Giebelseiten 1 dito glasharte Ziegel liegen, versehen. In diesem Hause ist des Marquetenders Wohnstube, von 24 Fus lang und 15 Fus breit, mit einem Alkofen versehen. ... In dem sogenannten Kuhstalle, welcher aber jetzo statt des Kellers, weil dieser sehr dumpfig ist, gebrauchet wird, ist ein Bierlager von Tannenholtze ... 2. Das Zechenhaus. Dieses ist 72 Fus lang, 24 Fus breit, 9 Fus hoch, von Mauerwercke bis unter das Dach aufgeführet, mit einem gedoppelten Schindeldache und einem Walle versehen. In diesem Hause findet sich gegen Morgen eine herrschaftliche Stube, so mit gehobelten Dielen und Leisten ausgeschlagen und mit Tannebohlen ausgelegt ist. ... Neben der herrschaftl. Stube auf der Seite gegen Abend ist die Arbeitermannsstube ... aus dieser Stube gehet eine Bodentreppe ... Neben dieser Mannsstube ist die Stube vor die Weibespersonen ... Gegen diesem und hinter dem Marquetender Wohnhause stehet ein kleiner gemauerter Keller mit einem Schindeldache ... Hinter dem Wohnhause stehet ferner ein gedoppelter Abtritt, wovor 2 Thüren ... Auf dem Torfbruche stehen vier große Druckenhäuser Nro. 1, 2, 3 & 4, deren jedes 100 Fus lang, 36 Fus breit, 30 Fus hoch, mit einem Schindeldache versehen und durchaus mit Dielen beschlagen ist.

Links: „Heinrichs Hoehe oder das Broken-Haus", aquarellierte Radierung, 1799

Brockengebiet und Ilsetal

Einen recht plastischen Eindruck vom alltäglichen Leben auf der Heinrichshöhe vermittelt die Reiseschilderung **Christian Wilhelm Spiekers**. *Der war anno 1800 über Schierke und „das kümmerliche E l e n d , zu welchem außer einem Frischhammer und einer Sägemühle, die Försterwohnung, ein Gasthof und etliche Stallgebäude gehören", zu Fuß in Richtung Blocksberg unterwegs:*

Ein heftiger Wind trieb uns vom Brocken her die Wolken entgegen, so daß wir bald, von einem kalten Tropfbad umschlossen, nicht zehn Schritte vor uns sehen konnten. ... Die Luft wurde sehr rauh, der Wind scharf und schneidend, die wolkige Umhüllung sehr lästig. War eine Wolkenschicht vorüber, so sahen wir nur kränkelnde Kiefern mit kahlen und farblosen Kuppen, kriechendes Binsengras, vertrocknetes Moos, verkümmerte Nebelflechten und Hexenkraut. Alles hatte ein krankhaftes Ansehn. ...

Unser jugendlicher Humor hatte lange vorgehalten, aber nun meinten wir doch, es sei bald Zeit, daß wir zur Heinrichsburg gelangten. ... Und siehe da, das gastliche Strohdach der H e i n r i c h s h ö h e , der Vorhalle des Brocken, drang durch das Gewölk. K o l u m b u s kann die neue Welt nicht mit größerem Jubel begrüßt haben, als wir diese ärmliche Herberge. Wir hatten den ganzen Tag auf dieser Hexenfahrt zugebracht, wenig genossen, waren bis auf die Haut durchnäßt und vom Sturm tüch-

Das Brockenwirtshaus auf der Heinrichshöhe, Radierung von Chr. A. Besemann, um 1795

tig durchgeschüttelt. Nun wollten wir auf unsern Lorbeern ausruhen und dem ermüdeten Leib etwas zu Gute thun. Hilf Himmel! wie blieben wir erstarrt stehen, als wir die Stubenthür öffneten und in dem engen Gemach Kopf an Kopf gedrängt erblickten. Dabei ein Lärm und ein Getöse, ein Rufen und Schelten, ein Singen und Lachen, ein Ach und Weh, daß wir meinten, in ein Narrenhaus gerathen zu sein.

Gegen vierzig Menschen waren hier aus allen Weltgegenden über Ilsenburg, Wernigerode und Elbingerode zusammengekommen, um der Sonne Auf- und Untergang, eine sternenhelle Nacht oder den aufgehenden Mond, und weit um sich her die unermeßliche Landschaft zu sehen. Und nun kommen sie nach großer Anstrengung und weiten Reisen in eine wüste Wolkenbrauerei, in einen rauhen kalten stürmischen Luftstrom, in ein elendes, enges und armseliges Wirthshaus, wo kaum das Nothwendigste und Unentbehrlichste für schweres Geld zu haben ist.

Unter den Gästen befanden sich Studenten von fünf Universitäten, von Göttingen, Halle, Jena, Leipzig und Helmstädt. Diese hörten kaum, daß Hallenser angekommen, als sie sich zur Thür drängten, uns Eingang und durch Zusammenrücken Plätze verschafften und uns mit einem traulichen Schmollis *(sis mollis)* willkommen hießen. Sie waren, wie die meisten Gäste halb entkleidet, denn die nassen Kleider hingen zum Trocknen um den Ofen und auf Leinen, die durch die überheizte Stube gezogen waren. Wir thaten dasselbe mit unsern Röcken und Jacken.

Nun denke man sich in dieser heißen Stube die Ausdünstungen der Menschen und nassen Kleider mit dem Dampfe von etwa dreißig Pfeifen und man hat ein Bild von einer Slavaken-Herberge, wie ich sie später in Prag gesehn habe.

Nach einem „erträglichen Abendessen" und dem feucht-fröhlichen Absingen zahlreicher „Burschenlieder" scheint sich die Stimmung im Wirtshaus erst einmal von Grund auf gebessert zu haben, bis der Abend zur Neige ging, ...

... und es sollten Schlaf- und Lagerstätten eingerichtet werden. Wir legten mit Hand an, stülpten Schemmel und Bänke um, streuten naßgewordenes Stroh und Frießdecken darüber und wünschten den trübseligen Gesichtern eine gute Nacht. Wir aber zogen unsre noch feuchten Kleider an und streckten unsre matten Glieder auf dürres Gras und Kraut, das nur kümmerlich den Boden bedeckte. Aber war das ein Heulen und Pfeiffen des wildentfesselten Windes!

Alle bösen Geister, alle Gnomen und Gespenster alle Gabel- und Besenreiter, die ganze Hexen- und Höllenzunft schien Sturm zu laufen gegen das schützende Obdach.

Als Spieker am Folgetag samt seinen Gefährten unter großen Anstrengungen den höchsten Harzgipfel erreichte, erwartete ihn auch dort rechtes Brockenwetter: „Die Schöpfung gehüllt in einen undurchdringlichen Schleier. Eilende Wolken, die einander mit heulendem Ingrimm verfolgten."

Brockengebiet und Ilsetal

Da half es auch nichts, dass er auf den „Hexenaltar" stieg und „tollkühn genug, die ganze Höllenbrut zum Kampf mit einem tapfern, aufgeklärten Halleschen Burschen" herausforderte.

Ich meinte wunder was für ein Heldenstück aufgeführt zu haben und sprang als vermeinter Sieger von dem Opferstein. Da aber blieb ich liegen und konnte mich nur unter heftigen Schmerzen wieder erheben. Der Knöchel des rechten Fußes war aus seiner natürlichen Lage gekommen und das Auftreten brachte großes Weh. Nach Art der bösen Geister hatten sie mir auf hinterlistig tückischer Weise ein Bein gestellt und wie ich auch meinen Frevel bereute und jener furchtbaren Macht der finstern Unholde huldigte, so mußte ich doch den Weg nach der Heinrichshöhe unter gewaltigen Schmerzen zurücklegen.

Gab es sie also doch, die Hexen und Teufel à la Praetorius ....
Christian Wilhelm Spieker hatte seine Harzreise in den Pfingstferien des Jahres 1800 unternommen. Zu dem Zeitpunkt war der erste Gasthof auf dem Brocken noch nicht geöffnet, sonst hätte er dort nach seinem Missgeschick bestimmt Zuflucht gesucht.

Graf Christian Friedrich zu Stolberg-Wernigerode, seit 1778 regierender Graf und damit neuer Herr des Brockens, hatte schon am 22. September 1798, also etwa eineinhalb Jahre vor Spiekers Ankunft auf dem Berg, in seinem Jagdhaus Plessenburg hinsichtlich des Brockengipfels folgende **Anordnung** getroffen:

> Bei der von Jahr zu Jahr zunehmenden Menge der Brockenreisenden und bei der gewissen Erwartung, daß die zur Errichtung eines neuen geräumigern Wirthshauses erforderlichen Kosten vollkommen werden ersetzt werden, haben Wir beschlossen, auf den höchsten Gipfel des Brokkens, nach einem von Uns selbst entworfenen Plane und nach dem beikommenden von Uns approbirten Anschlage Unseres Baumeisters Barth, im künftigen Jahre ein solches Brokkenhaus erbauen zu.

Brockengebiet und Ilsetal

Reisegesellschaft an der Teufelskanzel auf dem Brocken, um 1925

Über Schwierigkeiten, die das Vorhaben mit sich brachte, berichtete der Stolberger beispielsweise am 1. April 1799 dem Domvikar und Dichter Wilhelm Körte nach Halberstadt:

Auf der höchsten Höhe unsers alten Brockens wird dieses Jahr ein Haus gebauet, zu dem die Materialien größtentheils in diesem Winter auf dem Schlitten angefahren sind. Sobald die Witterung es erlaubt, wird der Bau angefangen und dann wieder unterbrochen, wann die Witterung, die oft auch im Sommer sehr bös ist, die Fortsetzung der Arbeit unmöglich macht.

Diese nothwendige Unterbrechung, die rauhe Gegend und die Theurung der Lebensmittel, durch ihren beschwerlichen Transport veranlaßt, sind Ursach, daß ein Zimmermann dort oben nicht unter 10 ggl. täglich arbeitet.
Ist es daher nicht unter beständiger Aufsicht, so wird das Werk in die Länge gezogen und unnöthig vertheuert.

Brockengebiet und Ilsetal

Ungeachtet all jener und anderer Probleme konnte das Brockenhaus vollendet und eröffnet werden. Zu Ehren seines Bauherrn nannten die Zeitgenossen das Gebäude „Friedrichshöhe". Anschauliche Abbilder seiner – dank des integrierten Turmes – unverwechselbaren Gestalt sind in einiger Zahl überliefert. Wie es um das Innenleben jener höchstgelegenen norddeutschen Herberge bestellt war, lässt sich aus dem 1809 anonym erschienenen **Unentbehrlichen Führer für Harzreisende** *herauslesen:*

Das Brockenhaus am Harz, kolorierter Kupferstich, Anfang 19. Jahrhundert

Brockengebiet und Ilsetal

Es ist massiv und seine Mauern haben eine Dicke von 5 Fuß. Seine Länge beträgt 130 und die Tiefe 30 Fuß. In der Mitte ist ein runder Thurm mit einem Blitzableiter befindlich, sonst besteht es nur aus einem Stock. Von 11 kleinern und größern Zimmern werden die mehrsten zwei und zwei durch e i n e n Ofen geheizt. In die Gaststube geht jeder wer kommt, doch kann man sogleich ein eigenes geheiztes Zimmer bekommen, welches mit einem Bette, das aus einer Art Sopha, mit einer wollenen oder leinen überzogenen Decke besetzt, und mit 1 Tisch, 2 Stühlen und 1 Spiegel meublirt ist, und täglich 1 T h a l e r kostet. Jedes Bette, was man außer dem, in der Stube befindlichen verlangt, kostet 12 Gr. In der öffentlichen Gaststube werden des Abends mit Moos gut gestopfte Matratzen auf eine Art Soldatenbritsche gelegt, worauf das Schlafgeld nur 2 Gr. kostet. Eßen und Trinken wird fast täglich durch 2 Maulesel von Wernigerode zugeführt, man kann daher jedes billige Verlangen befriedigen, erhält alles in guter Qualität, und, wenn man den weiten Transport rechnet, zu sehr billigen Preisen. Daß man hier nicht leicht dem gewöhnlichen Wirthsprellen ausgesetzt ist, habe ich schon früher angeführt, und man kann, wenn man die Rechnung zu hoch findet, sich die Taxe zeigen lassen.

Neben dem großen steinern Wohnhause befinden sich rechts und links noch zwei hölzerne Gebäude, wovon das beim Eingange zur Rechten, ebenfalls zum Bewohnen, das linker Hand aber, zum Stalle und Heumagazin eingerichtet ist. Zum Thurm führt gleich an der Thür des Hauptgebäudes eine Wendeltreppe. Er ist oben ganz offen, nach Art der alten Warten, und seine Mauern bilden eine halb mannshohe Brustlehne. Der Fußboden ist mit Blei belegt, und in der Mitte steht ein runder Marmortisch, um das Gestell des sonst sehr guten Tubus setzen zu können, den der Graf hierher zu geben die Güte gehabt hat. Leider haben schadenfrohe Buben dies so nützliche Werkzeug gänzlich ruinirt, und wer daher nicht selbst damit versehen ist, muß, und wenn er auch das beste Auge hat, doch immer einen großen Genuß entbehren.

In der drei Jahre zuvor veröffentlichten ersten Auflage von **Friedrich Gottschalcks Taschenbuch für Reisende in den Harz** *erwähnte der Verfasser noch „ein gutes Fernohr", das der Brockenwirt „jedoch nur an solche Personen zum Gebrauch gibt, von denen er eine gute Behandlung desselben erwarten darf." Was damit seinerzeit vom Berg aus zu sehen war, beschrieb der Harzkenner Gottschalck 1806 selbstredend ebenfalls:*

Die Aussicht auf dem Brocken ist groß und weit, aber selten wird sie in ihrer ganzen Schönheit und Klarheit genossen. Man kann einen Grad und 10 Minuten von dem Centralwinkel des Segments von der Erdperipherie übersehen. Rechnet man nun auf einen Grad 15 Meilen, so überblickt man 17½ Meile rings umher, folglich ein Segment der Erdkugel, dessen Durchmesser 35 Meilen beträgt. Man wirft daher über mehr als 5 Millionen Menschen, über den 200sten Theil von Europa und den

Brockengebiet und Ilsetal

11000sten der Erde seinen Blick. Folgende Staaten übersieht man theils ganz, theils halb, theils Erhöhungen darin:
Die Fürstenthümer Halberstadt und Quedlinburg, das Herzogthum Magdeburg, die Mark Brandenburg, das Fürstenthum Anhalt, die Grafschaften Mansfeld, Hohnstein mit den Herrschaften Lohra und Klettenberg, die Grafschaft Stolberg, das Fürstenthum Schwarzburg, den thüringer Wald, die Herzogthümer Gotha und Weimar, die Fürstenthümer Erfurt, Eichsfeld, Kalenberg, Grubenhagen, das Churfürstenthum Hessen, Herzogthum Braunschweig, Fürstenthum Hildesheim, und die Herrschaften Schauen und Derenburg.
In allen diesen Staaten erkennt man theils ohne theils mit Fernrohr folgende Städte, bemerkenswerthe Gegenstände und Berge, welche hier in der Ordnung aufgeführt sind, in welcher sie sich dem Beobachtenden nach und nach zeigen, wenn er gerade nach Wernigerode sieht, und sich dann rechts herum dreht:
Wernigerode, Halberstadt, Quedlinburg, Magdeburg, dabey die Elbe, Burg, Brandenburg, Zerbst, Bernburg, Ballenstedt, der Petersberg bey Halle, der Inselsberg bey Gotha, den Kiffhäuser bey Kelbra, das Schloß in Gotha, den Poßenthurm bey Sondershausen, die Domthürme in Erfurt, die 3 Bergschlösser, die Gleichen genannt, bey Gotha, die Leinwandsbleiche bey dem Städtchen Bleicherode in der Grafschaft Hohnstein, die beyden Gleichen, zwey Bergschlösser bey Göttingen, den Meißner, ein Berg im Hessischen, die Wilhelmshöhe bey Cassel, Clausthal und Zellerfeld, den Oderteich bey Andreasberg, der sich besonders beym Untergang der Sonne, wo er wie ein feuriger Punkt erscheint, deutlich zeigt, Hildesheim, Braunschweig, Wolfenbüttel, Helmstädt. Andere kleine Städte und Dörfer sind nicht zu zählen.

Ob der preußische Kronprinz auch Gottschalcks Taschenbuch bei der Hand hatte, als er mit 18 Jahren im Juli 1814 inkognito den höchsten Harzgipfel erstürmte, ist nicht bekannt. Der von jener Unternehmung aufgezeichnete **Bericht** *des damals sehr geschätzten* **Forstmeisters von Hagen** *ist in jedem Fall eine lesenswerte Lektüre:*

Den 22ten früh nach 5 Uhr fuhr der Kronprinz, der General von Knesebeck und der Hauptmann von Roeder in den pollnischen Wagen nach den Brocken...
Auf dem Wege nach den Brocken ritt der Förster Brandes auf der Spitze, und ich mit dem Adiudant Köllner, welchen ich ein Pferd gegeben hatte, dicht vor dem Wagen. Vor der obersten Drathütte fand sich der Bergrath Wutzbach und der Hütteninspector Kiss; und der Prinz ging einen Augenblick in dieselbe hinein. Im Kerbenthal stieg der Prinz mit seiner Begleitung aus den Wagen, und machte den Weg bis nach der Spiegelslust zu fuße. Ohnerachtet das Wasser sehr klein war, und das darin befindliche Flösholz die Wasserfälle weniger interessant machte, schien der Prinz diese Partie doch sehr zu gefallen.
Von der Spiegelslust bis zur Heinrichshöhe wurde

Rechts: Der Brocken für Harz-Reisende, gezeichnet von Carl Zirbeck, gestochen von Selmar Siebert, herausgegeben von Major C. W. von Oesfeld, 1834

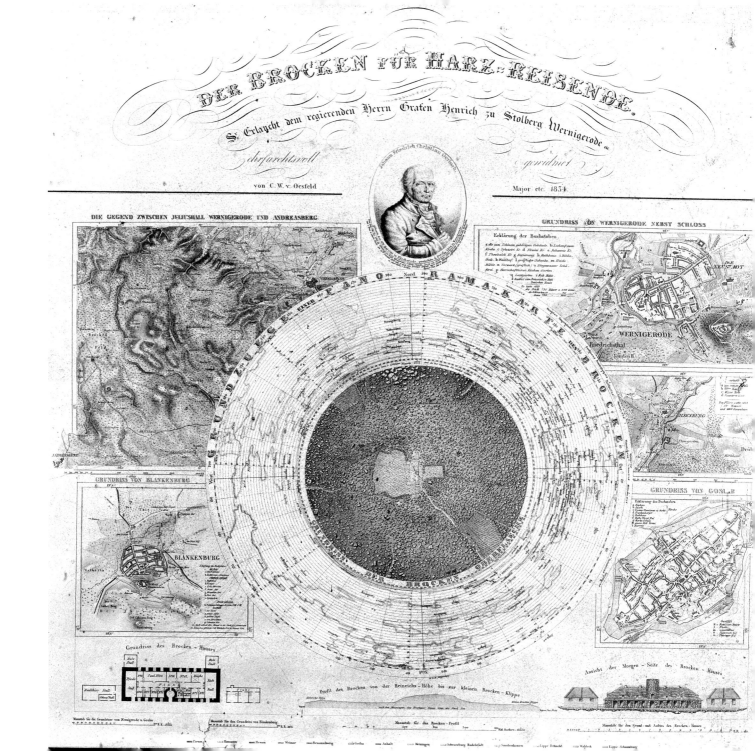

denn in langsamen Schritt fort gefahren, hier stieg der Prinz aus, sprang wie ein Hirsch auf den in der Nähe in den ehemaligen Würzhause befindlichen Felsen herum, und lief so mit dem Hauptmann Roeder den Fußstieg den hohen Brocken zu. Ich mußte hier, da Niemand zu gegen war, der den Prinzen zu Fuße begleiten konnte, dies Geschäft selbst übernehmen, und empfand lebhaft, wie schwer es wurde, mit diesem iungen Mann gleichen Schritt zu halten. Indeß kamen wir glücklich auf den Brocken, der bis dahin hell gewesen war, an, aber mit dem Augenblick der Ankunft hüllte sich derselbe in Nebel ein.

Ich führte den Prinzen in das Zimmer, welches Sr. Maiestät, der König bewohnt hatten, und es mußten zur einstweiligen Unterhaltung die sämmtlichen Brockenbücher herbeigeholt werden. Es wurde Kaffe getrunken, und durch Vorlesung theils der komischen, theils der interessanten Inschriften in den Brockenbüchern etwa eine Stunde verbracht. Hier heiterte sich das Wetter auf, und die Aussicht wurde nach manchen Gegenden hier abwechselnd leidlich, so daß man z. B, den Weissen Stein bei Cassel, den Inselberg, auch den Kißhäuser sehen konnte, und die näher liegenden Gegenden, wie z. B. Wernigerode, Halberstadt, Klausthal etc.

Gegen 12 Uhr wurde gespeißt, und als der Prinz das erste Glas Wein in die Hand nahm, wandte er sich zu mir und sagte „Ihr alter Herr soll leben." ... Übrigens wurde beim Essen verschiedentlich von den Abendtheuerlichen Brockenbesuch des Exkönigs Hironimus gesprochen, und der Prinz, welcher sich über manches, was ich davon erzählen konnte, zu amisiren schien, bemerkte unter andern, daß er den Brocken nie würde besucht haben, wenn es nothig gefunden worden wäre, eine sehr schlechte Begleitung mit sich zu nehmen.

Nach dem Essen brachte der Prinz mit seiner Begleitung noch wohl eine halbe Stunde auf den Thurm des Brockenhauses zu. Der etwas stark wehende wind brachte ihn auf den Einfall, sich einige Bogen Papier auf den Thurm holen zu lassen, diese mit einzelnen Worten zu beschreiben, und so in die Luft zu schicken, welches ihn außerordentlich viel Spaß zu machen schien. Hierauf schrieb sich der Prinz mit seinem Gefolge in ein neues, glücklicher Weise von mir vorräthiges Brockenbuch ein, ...

Gegen 3 Uhr brach der Prinz von Brocken auf, und fuhr bis an die Plessenburg zurück, wo er ab stieg einen Augenblick in das Haus ging, ein Glas Bier trank, und einen Apfel nahm ... Die Plessenburg selbst gefiel ihn sehr, aber er sagte „6 Wochen könnte ich hier nicht wohnen, denn ohne Aussicht kann ich durchaus nicht sein.

* * * * *

Links: Aussicht vom Plateau der Wetterwarte in Richtung Wurmberg

Brockengebiet und Ilsetal

Die mit Beginn des 19. Jahrhunderts immer zahlreicher werdenden Brockenreisenden hatten während ihrer Unternehmungen nicht nur den Gipfel im Visier. Auch die eine oder andere Sehens- bzw. Merkwürdigkeit am Wegesrand erregte ihre Aufmerksamkeit – ein Umstand der sich natürlich in der Reiseliteratur widerspiegelte. Die Schnarcherklippen bei Schierke waren ein solches Kleinod. **Carl Gottlieb Horstig**, *dessen 1805 veröffentlichter Reisebericht bereits hinsichtlich seiner Eindrücke von Wernigerode Erwähnung fand, hatte am 13. September 1800 bei bestem Wetter den Brocken bestiegen und dort das noch nicht ganz fertiggestellte Gasthaus kennen und schätzen gelernt:*

Maurer und Tischler waren beschäftiget, das Gebäude von außen und innen zu vollenden, worin man in der Folge mit aller Bequemlichkeit Tage und Wochen lang verweilen, und tausend Seufzer sich ersparen kann, die bisher über die mißlungene Brockenfahrt bey ungünstiger Witterung in die Jahrbücher des Brockens unbilliger Weise ausgestoßen worden sind. ...
Dankbar und voller Befriedigung verließen wir den Bergriesen, als die Sonne höher stieg, und folgten unserm Führer in das Thal von Schierke, welches unter den Hohneklippen hinstreicht, und das Bette der kalten Bode ausmacht. Der Prediger Haberland zu Schierke hatte die Gefälligkeit, uns zu den Schnarcherklippen in den benachbarten Wald zu führen. Einen so überraschenden Anblick hatten wir von den beyden Brüderfelsen nicht erwartet, die ihren Namen vielleicht dem Geräusche zu verdanken haben, mit welchem der tobende Wind zwischen ihren störrigen Bruchstücken hinstreicht. Im feyerlichen Dunkel hoher schwarzer Tannenstämme erblickt man auf einmal vor sich zwey ossianische Geister, ein Paar ungeheure Gestalten, die im Wandelzauber schwankender Lichter und Schatten, welche durch die Zweige umstehender Bäume auf sie herabfallen, das Auge mit langer Ungewißheit täuschen, bis sie zuletzt sich in zwey hohe Felsenblöcke auflösen, die in grader Linie von allen Seiten gleich alten hohen Thürmen emporsteigen, und die Tannen zu überwipfeln sich bestreben. Ein heiliger Schauer muß jeden des Anblicks ungewohnten Fremden ergreifen, der diese Zaubergestalten unter der mystischen Verschleyerung der dunkeln Tannen erblickt, worin sie weit mehr überraschen, als die Eule und der Todtenkopf in den Königshayner Bergen bey Görlitz. Die beyden Kolossen, die etwa zehn Schritt weit von einander stehen, und um sich her, so weit das Auge reicht, keine Klippe zu ihrem Nebenbuhler haben, unterscheiden sich von den gewöhnlichen Ruinen alter viereckigter Thürme nur durch die riesenmäßigen Steinblöcke und großen Felsstücke, die in wilder Regellosigkeit über einander aufgekastet, und mit grünem Moose und schwanken Gesträuche überwachsen sind. Ihre eigentliche Wirkung aber erhalten sie nur erst von den sie umgebenden finstern Tannen, die den Bewunderer nöthigen, dicht an sie hinzutreten, um den großen Eindruck auf einmal zu fühlen. ... Für den Naturforscher wird das Merkwürdigste bey diesen Klippen die von dem berühmten Obrist von Zach vor kurzen noch bestätigte Entdeckung seyn, daß sich bey einer gewissen mit dem

Buchstaben V. Z. und einer eingehauenen Magnetnadel bezeichneten Stelle, die Nadel des Magnets auf einmal gegen Süden umschlägt, und auf eine verborgene starke Eisenader schließen läßt, die von der Umgebung des festen Gesteins wahrscheinlich ihre Kraft und Wirksamkeit erhält.

Wie man sich beinahe zeitgleich die Orte Schierke und Elend samt Umgebung vorstellen kann, verrät der schon zitierte **Unentbehrliche Führer für Harzreisende**:

S c h i e r k e ..., welches das höchste Dorf auf dem Harze ist, und fast auf der Hälfte der Brockenhöhe liegt. Es hat 50 Feuerstellen, 1 Sägemühle und eine gräfl. Wernigeröder Eisenhütte, die aus 1 hohen Ofen, 2 Frischfeuern und 1 Zainhammer besteht. Es liegen hier herum mehrere merkwürdige Klippen, als die Faupels- und Feuersteinsklippen, die Elendsburg, die Arendsklint, doch sind die S c h n a r c h e r die sehenswerthesten. ... Ein abwechselnder und angenehmer Weg brachte uns in einer halben Stunde nach dem E l e n d, einem zum Hüttenwerk R o t h e h ü t t e gehörigen Werke. Es besteht aus 2 hohen Ofen, 1 Frischfeuer, 2 Eisenstein- und 2 Schlackenpochwerken, worüber ein Hüttenschreiber die Aufsicht führt. Einer der hohen Ofen hat die besondere Einrichtung, daß er 2 Gebläse und 2 gegen einander über liegende Formen hat, und deshalb etwan 300 Centner Granulireisen mehr als andere gewöhnliche hohe Ofen liefert. – Außer dem ist hier eine Försterwohnung, ein Viehhof und eine Sägemühle. Die Reste der alten E l e n d s b u r g, die dieser Gegend und dem Werke den Namen gegeben hat, liegen gleich über dem Orte, sind aber gering und größtentheils mit Erde verschüttet. Es ward 1290 nebst andern Raubschlössern vom Kaiser Rudolph verwüstet.

Dorfstraße in Schierke, um 1900

Brockengebiet und Ilsetal

Der ungenannte Autor war auf seiner Reise von Wernigerode über Drübeck nach Ilsenburg gekommen, hatte „in dem herrschaftlichen Gasthofe, der r o t h e n F o r e l l e, ein sehr gutes Nachtquartier" gefunden und seiner vorübergehenden Heimstatt eingedenk ihrer Umgegend eine recht ausführliche Beschreibung gewidmet:

Der Ort ist jetzt ein Flecken von 230 Häusern, war aber ehedem eine mit Mauern umgebene Stadt. ... Das Schloß war von 1654 bis 1710 die beständige Wohnung des Grafen. Jetzt bewohnen es gräfl. Diener. Neben dem Schloße ist ein weitläufiger Thiergarten, und an demselben der sogenannte Leininger Hof ...

Die Einwohner des Orts nähren sich vorzüglich von dem hiesigen Eisehüttenwerk, welches zuerst von dem Grafen von Stolberg 1546 zu bauen angefangen ist. Dies besteht aus 2 hohen Oefen, 3 Frischfeuern, 2 Zaynhämmern, 1 Blankschmiede und 3 Drathzügen, wo mit 30 Zangen 28 verschiedene Sorten Drath gezogen werden. Die beiden hohen Ofen liefern wöchentlich mehr als 300 Centner Roh- und Gußeisen. Außer diesen Werken sind hier 2 Sägemühlen, 1 Oel- und Mahlmühle, und unterhalb des Orts liegen noch an der Ilse 1 Papier-, 2 Loh- und Oelmühlen und 1 Kupferhammer.

Der Gasthof liegt sehr angenehm an einem freien Platze, und hat einen schönen großen Teich zur Seite.

Bevor der Verfasser den Brocken erklomm, hatte er sich die Zeit genommen, den nahe gelegenen Ilsestein in Augenschein zu nehmen:

Es wird gewiß keinem Reisenden gereuen, diesen Felsen besucht zu haben, und sollte er auch deshalb einen kleinen Umweg nach, oder von dem Brocken machen. Er ragt aus dem Thale des Ilseflußes, bis zu einer Höhe von 230 Fuß senkrecht heraus, und ist die beträchtlichste Felsmasse des ganzen Brockengebirgs. Von seiner senkrechten Seite scheinen durch irgend eine ungeheure Kraft entweder die gegenüberstehenden Felsen getrennt, oder zwischen beiden ein Stück herausgerissen und in Trümmer zerfallen zu sein, welche die Ilse bei hohem Wasser mit sich fortgeführt hat. – Vielleicht erschütterten vor Jahrtausenden, als der Brocken noch Vulkan war, in dem Innern der Erde streitende Mächte, die Grundlagen dieser Felsmassen, wodurch ihre obern Erhöhungen gespalten wurden, durch welche Spalten sich dann bis dahin eingesperrte Gewässer, oder vorher sich höher ergießende Waldströme eine Bahn ins Freie suchten. So mag vielleicht hier das Bette der Ilse mit dem der Bode bei Thale gleichen Ursprung haben. Oben auf dem Felsen ist eine mit einer Felsenbank umgebene Grotte. Geht man von hier aus etwas weiter vorwärts zur Rechten, so kommt man auf den eigentlichen Balcon des Ilsensteins, wo der Fels nicht nur senkrecht, sondern vielmehr noch überhängend ist. Der Blick von hier hinab in die Felsenwelt, das Thal der Ilse, erregt Schaudern, Ehrfurcht und Grausen. –

Blick über den Forellenteich in Ilsenburg, Stahlstich von Albert Henry Payne, um 1850

Brockengebiet und Ilsetal

Rings umher nichts als wilde Felsgruppen, ungeformte Massen, die des großen Meisters Hand erwarten, um eine Gestalt zu bekommen. Alles was man übersieht, ist ein Chaos, der einer neuen Schöpfung zu harren scheint. Man fühlt sich von dem Gewicht dieser ungeheuren Massen niedergedrückt, deren Wurzeln sich vielleicht bis zum Mittelpunkte der Erde erstrecken. Die Ilse selbst scheint von dieser Höhe ein kleiner Bach, die höchsten im Thale stehenden Bäume, Büsche zu sein.

Ilsefälle,
Ende des 19. Jahrhunderts

Viele Zeitgenossen waren vom Ilsestein und dem wildromantischen Tal der Ilse tief beeindruckt, ja regelrecht überwältigt. Ganz anders empfand es der unter dem Pseudonym **Stendhal** *bekannte französische Romancier, Kulturkritiker und Essayist Marie-Henri Beyle, der in Grenoble aufgewachsen und mit dem Anblick der Alpen vertraut gewesen war. Er hatte im Juli 1807 ebenfalls von Ilsenburg kommend den Brocken besucht und in sein* **Tagebuch** *notiert:*

Während wir aufwärts steigen, sehen wir einen Eisenhammer, sowie eine Fabrik, in welcher das Draht zu Eisen ausgezogen wird. ... Die kleine Talsenkung, welche hinaufführt, ist ziemlich gewöhnlich; die Leute der Gegend bewundern dieselbe, weil sie hier zum erstenmal ein Gebirge sehen. Der Ilsenstein verdient nach meinem Dafürhalten keinerlei Beachtung, ist aber dennoch berühmt.

Brockengebiet und Ilsetal

Merkwürdigkeiten völlig anderer Art erlebte der schon im vorangegangenen Kapitel bedachte und nicht unbedingt begeisterte Berliner Harzwanderer **Adolph Glassbrenner** *auf seiner Brockenbesteigung via Wernigerode und Jacobsbruch zu Beginn der 1830er Jahre:*

Am andern Morgen war der große Moment da, wo wir den, in Mährchen eingehüllten, stolz auf uns herabschauenden Brocken besteigen sollten. Als ich die ersten Schritte auf diesen grauköpfigen Hexenberg setzte, bemächtigte sich meiner wirklich ein seltsames Gefühl – mein linker Fuß schmerzte mich nämlich sehr, weil ich mir einen spitzigen Stein eingetreten hatte.

Gegen Mittag erreichten wir die Glashütte. Es ist ein süßes Gefühl, etwas erreicht zu haben. Die grünen Berge, die lieblichen Thäler, die engen Pfade, welche sich wie Schlangen durch das üppige Grün winden, die luftigen Höhen, die furchtbaren Felsen, die sprudelnd geschwätzigen Quellen und die weidenden Ochsen hatten mich dergestalt bezaubert, daß ich mir eine Flasche Wein geben ließ, um mich wieder zu erholen und zu fernern Genüssen zu stärken. Der Faktor der Glashütte war ein lustiger, junger Mann, er führte uns in die heiße Werkstätte, zeigte uns, wie die Gläser und Flaschen gemacht werden, und wie leicht das zerbricht, was aufgeblasen ist.

»Schauen Sie dort!« sprach er, als wir hinaustraten, daß sind die drei Jungfernfelsen. Noch neulich fragte mich eine reisende Dame höchst naiv, warum diese Steinmassen Jungfernfelsen hießen, und ob noch Niemand oben gewesen wäre? « S. trat zu uns und erinnerte, daß es Zeit zum Weitersteigen wäre; ich seufzte. Der Faktor bot uns seine Begleitung an und versprach uns einen Fußweg zu führen, auf dem wir schneller zum Ziele kämen. Gott im Himmel mag ihm diesen Streich verzeihen; ich bin ein Mensch und Rache ist süß.

Bei jedem Schritte sank ich bis an die Kniee in einen grasigen Sumpf, wie eine Gemse mußte ich über colossale Steine hinwegspringen, und mit beiden Händen mir Luft durch die dicht verwachsenen Gebüsche machen, um nicht, wie Absalon, mit den Haaren an einem Ast hangen zu bleiben – kurz, ich war der unglückseligste Gebirgssteiger! Und dabei lachte sich noch der Herr Faktor ins Fäustchen, und ammusirte sich beispiellos über meinen gerechten Zorn.

»Hier wollen wir scheiden!« rief der Bösewicht, »zuvor müssen wir aber ein paar Flaschen Wein auf unsere kurze Bekanntschaft leeren.« Ich hatte nicht bemerkt, daß uns in einiger Entfernung einer seiner Leute gefolgt war, der sich jetzt näherte und mehrere Langhälse aus einem Korbe packte, deren Etiquetten zu frohen Hoffnungen berechtigten. Ich sah mir den Faktor noch einmal an: er schien doch kein böser Mensch zu sein, und der Streich, welchen er mir so eben gespielt hatte, war sicher nichts als jugendlicher Leichtsinn. Wir streckten uns in's Grüne und tranken. Das Ausruhen und das Trinken sind auf einer Fußreise die angenehmsten Zerstreuungen. Als die Flaschen geleert waren, schieden wir ohne große Rührung.

Brockengebiet und Ilsetal

Trotz des Weines im Blute erreichten Glassbrenner und sein Gefährte den Gipfel zu später Stunde, aßen zu Abend und fielen ins Bett.

> Um Mitternacht weckte mich ein wilder Lärm. Ich zog mich rasch an, ging leise den Corridor entlang und trat vor die Thüre. Hu! ein kaltes Grausen rieselte mir durch alle Glieder.

Was folgt, ist ein äußerst heftiger und reich verbal illustrierter Walpurgistraum, den Glassbrenner mit nachstehendem Finale enden ließ:

> Da erschütterte ein furchtbarer Donner den ganzen Erdboden, Feuerschlünde stürzten aus den Wolken, Millionen von Gerädeten, Geköpften und Erhängten schleuderte der empörte Sturm umher, Tyrannen lagen zu meinen Füßen, und die Sünde röchelte ihren letzten Athemzug neben mir.

Nach dieser Nacht, könnte man meinen, hätte der geplagte Autor wenigstens einen guten Morgen samt gehöriger Fernsicht verdient. Doch …

> … siehe! da war rings um den Berg Nebel. O, welch' ein großartiger, welch' ein erhabener Anblick! Zwar habe ich schon oft in meinem Leben Nebel gesehen, aber immer nur ganz ordinairen – solch' ein Brocken-Nebel ist aber kein gewöhnlicher Nebel! Der sieht sehr dunkelgrau aus und ist so dicht wie eine Mauer.

Den Abstieg vom Gipfel vollzogen Glassbrenner und sein Wanderfreund ganz in den Fußstapfen Heines:

> O, wer sich der göttlichen Schöpfung ungetrübt erfreuen, wer hier ein paar Stündchen s i t z e n , und alle Schönheiten mit Bequemlichkeit in das durstige Herz einhaugen könnte, – o der wäre glücklich! Aber – das Ränzel auf dem Buckel, den steilen Felsen wie ein gejagtes Wild hinabspringend, und einen Freund neben mir, der, wie der Feldmarschall Blücher, immerfort sein verdammtes Vorwärts! Vorwärts! schreit, wenn sich meine unglücklichen Beine einen Ruhepunkt suchten – so habe ich die Reize dieser Gegend genießen müssen, und diese Gegend wird mir unvergeßlich bleiben.

Rechts: „Die Schnarcher, zwei Granitfelsen bei Elend", Kupferstich von Philipp Ganz, um 1785

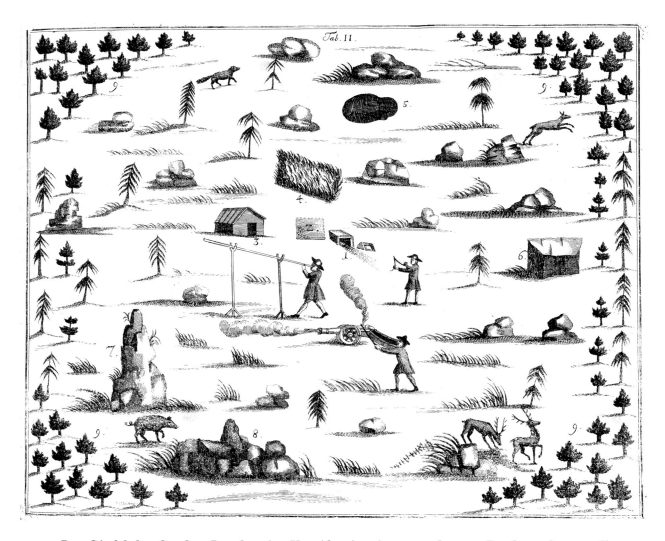

„Der Gipfel des Großen Brocken im Umriß mit seinen markanten Punkten dargestellt.
1. Brunnen, der Zauber=Brunn. 2. Tanzplatz, der Hexen=Tantz=Platz. 3. Das kleine Steinhaus.
4. Teich, der sogenannte Zauber=Teich. 5. Der unerforschte Abgrund (Schlund).
6. Altar, der sogenannte Hexen=Altar. 7. Die Königskapelle. 8. Die Königsburg. 9. Der Wald,
von dem der obere Teil des Berges wie ein Kranz umgeben wird.", Kupferstich, 1740

Brockengebiet und Ilsetal

Während Adolph Glassbrenner auf dem Brocken das Gasthaus noch in seiner ursprünglichen Gestalt sah, kündigten sich alsbald bauliche Veränderungen an. Um Gerüchten vorzugreifen, stellte der regierende **Graf Henrich zu Stolberg-Wernigerode** *in einer persönlichen* **Notiz** *am 20. Oktober 1834 Folgendes klar:*

Vor mehr als zwanzig Jahren las man in öffentlichen Blättern die sonderbare Anzeige, daß eine der Felsen-Gruppen auf der Höhe des Brockens – der Hexen-Altar genannt – von Barbaren zerstört worden sei. Das Wahre an der Sache war, daß die oberste Steinplatte dieses Felsens aus Muthwillen herabgestürzt, dadurch aber keinesweges die ohnedieß wenig merkwürdige Felsengruppe zerstört worden ist. Eine Aenderung, welche jetzt aus Noth an dem Wirthshause auf dem Brocken vorgenommen werden muß, läßt eine ähnliche unrichtige Deutung befürchten: deshalb diene folgende Mittheilung als Erklärung.

Das Wirthshaus auf dem Brocken hatte in seiner Mitte einen runden in Stein gemauerten Thurm, dessen Bau so fehlerhaft ausgeführt worden war, daß seit Anfang dieses Jahres ein Senken desselben von der einen Seite sehr merkbar wurde und bei näherer Untersuchung es sich ergab, daß ein Einsturz zu befürchten sei. Deshalb wurde das Abtragen desselben als Nothsache beschlossen und ist auch in diesen Tagen so bewirkt worden, daß schon jetzt von dem Thurm nichts mehr zu sehen ist. Sehr glücklich hat es sich getroffen, daß diese Arbeit bereits am 16.ten d. M. beendigt war, wo in der darauf folgenden Nacht ein heftiger Sturm vielleicht den Einsturz des Thurms und dadurch große Gefahr veranlaßt haben könnte.

Ferner schrieb der Graf, dass der Neubau eines Turmes „getrennt von dem Hause, der Thür gegen über" geplant sei. Die Arbeiten an jenem neuen Turm hatten gerade begonnen, da brach auf dem Brockengipfel ein Feuer aus. Das **Wernigerödische Intelligenz-Blatt** *berichtete in seiner Ausgabe vom 15. Juni 1835 über dieses Unglück:*

In der Nacht vom 4. zum 5. Junius brannte das nördlich vom Hauptgebäude befindliche **„hölzerne Nebenhaus"** ab, ganz aus Holz gezimmert, die Wände von doppelten Dielen, zwischen denen sich Torf befand, es enthielt drei Logierzimmer. Die Maurer, welche jetzt beschäftigt sind, den Grund für den **neuen Thurm** ... zu legen, und einige andere Arbeiter hatten da für diese 16 Personen im Hauptgebäude kein Raum blieb, ihr Nachtlager darin genommen, und war ihnen mäßiges Einheizen gestattet. Eine Nachsicht um 10 Uhr Abends ergab in beiden gebrauchten Ofen nur die Reste des erloschenen Feuers, aber nirgends Verdacht eines Brandes. Gegen 12 Uhr vernahmen zwei der Arbeiter im mittlern Zimmer ein heftiges Knistern und empfanden Rauch. Auf die Flur tretend, gewahrten sie über einer blechernen Ofenröhre, welche durch die Bretterwand führte, Feuer. Der au-

Brockengebiet und Ilsetal

genblicklich gemachte Versucht dieses, das schon die Decke ergriffen hatte, vom Boden aus zu löschen, schlug bei dem erstickenden Rauch, der sich schon gebildet hatte, fehl. Als aus dem Hauptgebäude Menschen herbeikamen, loderte die Flamme schon im Dache und nun war keine Rettung mehr. ...
Auch dem Hauptgebäude drohte die größte Gefahr, da der Nordostwind die Flammen gerade auf dasselbe zutrieb. Nur die größte Anstrengung und die vorsichtigste Oekonomie mit dem vorräthigen wenigen Wasser hat es verhindert, daß dieses nicht mit ergriffen wurde. Die Schindeln, womit sein Dach gedeckt ist, sind nach dem abgebrannten Gebäude zu, größtentheils verkohlt, ebenso das übrige Holzwerk. ... Glücklicher Weise drehte sich während der größten Gefahr, die eine Ausräumung des Brockenhauses zur Pflicht gemacht hatte, der Wind und aus Südost wehend, trieb er die Flammen vom Hause ab. ...
Schon einmal war dasselbe von Innen aus bedroht, als die Köche des Königs von Westphalen bei dessen Anwesenheit am Morgen des 9. August 1811. den Schornstein entzündet hatten, dießmal ersetzte das Wasser die Stelle des Bouillon's, mit welchem sie die erst entstehende Gluth dämpften. Glücklicher Weise ist auch dießmal kein Menschenleben gefährdet, wenn gleich Versengungen nicht vermieden werden mogten. Weithin muß in der mondhellen Nacht das Feuer in die Umgegend hineingeleuchtet haben; es wäre wünschenswerth zu erfahren, bis zu welchen Entfernungen dasselbe bemerkt ist.

Brockenwirt Carl Ernst Nehse, der noch bis 1834 Stadtschreiber in Wernigerode gewesen war, ließ sich durch dieses Unglück keineswegs entmutigen. Dank seiner naturwissenschaftlichen und publizistischen Aktivitäten reichte sein Bekanntheitsgrad weit über die Grenzen der Grafschaft Wernigerode hinaus. Im Jahre 1840 gab er, wie im dritten Kapitel erwähnt, unter dem Titel **Der Brocken und seine Merkwürdigkeiten** *ein eigenes Buch heraus, in dem er beispielsweise alle seinerzeit verfügbaren Varianten, um zum Gipfel zu gelangen, aufzeigte:*

Es führen nach dem Brocken vier Fahrwege: der erste über Ilsenburg, dicht bei den Wasserfällen vorbei, der zweite über Schiercke, Quitschenhäu und Mönchbruch, der dritte über die Glashütte Jakobsbruch, und der vierte über Öhrenfeld und Plessenburg, welcher auf dem gelben Brinke in die Ilsenburg-Schiercker Chaussee fällt. Erstere drei kommen dagegen auf dem Brockenbette zusammen, und bilden einen Weg, der über die Heinrichshöhe nach dem Brocken läuft. Der Ilsenburger und Schiercker Weg ist bis zum Brockenbette chaussirt und kann bis dahin mit jedem nicht zu sehr belasteten Fuhrwerke befahren werden, und wenn gleich die anderen beiden Fahrwege stets in gutem Stande erhalten werden, und ohne Gefahr zu bereisen sind, so sind die beiden ersteren doch vorzuziehen, da der Ilsenburger Weg gegen den Ilsenstein und die Wasserfälle durch das schöne Ilsenthal, und letzterer zwischen den Feuersteinklippen und Schnarchern, dicht neben der Elendsburg

Rechts: Auf der Unart bei Elbingerode

Brockengebiet und Ilsetal

vorbei, durch einen Theil des reizenden Bodethals führt.

Außer diesen vier Fahrwegen führen noch sechs Fußwege auf den Brocken, und zwar der erste von Wernigerode über die steinerne Renne und den Rennekenberg, der zweite von Braunlage über den Königsberg, der dritte von Oderbrück über das Brockenfeld an den Hirschhörnern vorbei, der vierte von Altenau über den Borkenkrug und durch die schwarzen Tannen, der fünfte von Neustadt-Harzburg über das braunschweigische Molkenhaus, den Scharfenstein und kleinen Brocken, und der sechste von Ilsenburg über den Buchhorst und das Schneeloch. Für Reiter sind diese sechs Pfade nicht; die fünf erstern nämlich der Klippen, Gräben und des Bruches wegen nicht; auf dem letztern zu reiten ist verboten, damit er wohl erhalten und für die Fußreisenden bequem bleibe.

Für die Art des Brockenreisens sowie für die Zeit auf dem Berg selbst gab Nehse weitere nützliche Hinweise:

Wer gesund und bei Kräften ist, und wessen Körperconstitution es gestattet, der ziehe es vor, den Brocken zu Fuß zu besteigen, der Reisende erspart dadurch nicht allein mancherlei kostspielige Ausgaben, sondern kann ganz nach seinem Belieben, zu seiner Bequemlichkeit und am sichersten die Reise fortsetzen, und hat davon den meisten Nutzen und ungestörtesten Naturgenuß; wer sich indeß der Anstrengung des langen, ungewohnten Bergsteigens überheben will, der findet in Ilsenburg im herrschaftlichen Gasthause, zu den rothen Forellen, Maulthiere mit bequemen Damen- und Herren-Sätteln, und falls die von dem dortigen Gastwirthe Herrn Horn für Brockenreisende bestimmten 6 bis 8 Maulthiere schon verliehen sind, so ist Herr Horn gern bereit, solche von dem, eine Stunde von Ilsenburg entfernten, Dorfe Veckenstedt zu verschaffen.
... Auf dem Brocken angekommen, vermeide der erhitzte Gast alle kalten Getränke, genieße dafür, zur Löschung des Durstes und zur Stärkung, Kaffee, Thee oder Warmbier, oder wer an geistige Getränke gewöhnt ist, Punsch, Grog oder Glühwein und wechsele dann die Wäsche. Nach geschehener Abkühlung und Erholung besteige der Gast den Thurm, bediene sich der darauf ausgestellten Fernröhre und des Brocken-Panorama's, und besuche dann die übrigen Merkwürdigkeiten auf der Fläche des Brockens ...
Mannigfache und zum Theil belehrende Unterhaltung findet der Gast im gemeinschaftlichen Gesellschaftssaale, oder in den übrigen Gastzimmern an anderen Brockenbesuchern. ...
Sollte aber der Gast ein gutes Buch der Gesellschaft vorziehen, so findet er in des Wirthes kleiner Bibliothek wissenschaftliche und belletristische Sachen, die auf kurze Zeit Beschäftigung gewähren. Auch die Brockenstammbücher liefern viel Unterhaltung. Sie werden jedem Gaste vorgelegt, damit er zur Erinnerung seinen Namen einschreibe; gern werden diese Bücher durchblättert ... man lacht über darin nieder geschriebene Satyren und unschuldige Scherze, lieset mit Theilnahme ein gutes Gedicht, oder macht sich lustig über schlechte Verse, bespottet plumpen Witz und lächelt über darin enthaltene

orthographische und andere Fehler. Leider sind die Brockenbücher, und besonders die früheren Jahrgänge derselben verstümmelt, weil manches Blatt, auf dem hinzugefügte oft kränkende, mindestens fade, wohl gar schmutzige Bemerkungen niedergeschrieben waren, ausgerissen werden mußte.

Bei einer solchen Vor-Ort-Kompetenz verwundert es nicht, dass **Carl Ernst Nehse** *von dem im 19. Jahrhundert prominenten Schriftsteller Friedrich von Sydow eingeladen wurde, Teile des Brockenbuches in dem zwischen 1839 und 1846 herausgegebenen, opulenten und acht Bände umfassenden Sammelwerk* **Thüringen und der Harz, mit ihren Merkwürdigkeiten, Volkssagen und Legenden** *zu veröffentlichen. Im 1841 vorgelegten vierten Band jener Reihe war denn auch vom legendären Brocken und seinem Gespenst zu lesen:*

Eine seltenere Erscheinung ist das Nebelbild oder sogenannte Brockengespenst, zwar nicht so selten, wie es in verschiedenen Harztaschenbüchern angegeben wird, nämlich, daß solches nur im Herbste und nur beim Sonnenuntergange sichtbar sei, vielmehr ist es in allen Jahreszeiten, sowohl bei dem Auf- als Untergange der Sonne zu sehen, wie dies mehrjährige Erfahrung gelehrt hat. Im Jahre 1838 wurde es neunmal und 1839 siebenmal im Februar, März, April, Juli, August, November und December Abends und Morgens gesehen.

Verschieden ist jedoch diese von mir näher und genau beobachtete Lufterscheinung. Wenn die Sonne bei ihrem Auf- oder Untergange mit dem Brocken in gleicher Höhe steht, sich dann auf entgegengesetzter Seite unten in den Thälern Nebel bilden, diese am Brocken in die Höhe steigen, der nebelfreie Brocken aber zwischen dem Nebel und der Sonne steht, so wirft die Sonne den Schatten des Brockens und aller auf ihn befindlichen Gegenstände an diese Nebelwand, an der sich nun riesenhafte Gestalten bilden, die bald sich verkleinern, bald vergrößern, jenachdem sich der Nebel nähert, entfernt, oder durch das Aufrollen desselben in ihm Lücken entstehen. Ist der Nebel trocken, so sieht man, außer seinem eigenen Schatten auch den seiner Nachbarn; ist er feucht, so sieht man nur den seinen mit einem regenbogenfarbigen Heiligenschein umgeben. Dieser Heiligenschein verschönert sich und wird strahlender, je nasser und dicker der Nebel ist, und je näher derselbe kommt. Bei rauhem Nebel im Winter bietet diese Erscheinung einen andern Anblick; denn erhält der Schatten nicht den kreisförmigen regenbogenfarbigen Heiligenschein, sondern es gehen vom Haupte des Schattens drei gelbe, hell glänzende, scharf gezeichnete und weit strahlende Scheine rechts und links vom Auge und senkrecht ... in hochgelber Farbe.

Dieses Nebelbild oder sogenannte Brockengespenst ist das schönste, hier wahrgenommene Phänomen, besonders wenn es sehr kalt und die im Nebel enthaltene Feuchtigkeit stark gefroren ist, wo dann die gefrornen Theilchen kleine glimmernde Sternchen um die drei Strahlen bilden, welche so glänzend blinkern, daß das Auge nicht lange hinzusehen vermag.

Brockengebiet und Ilsetal

*Brockenwirt Nehse verstand es nicht nur gut mit der Feder umzugehen, auch seine eigentliche Tätigkeit als Gastwirt nahm er sehr ernst. Ein indirektes Lob für die von ihm geleistete Arbeit findet sich in dem um 1845 in Braunschweig anonym erschienenen **Harz-Album. Ein Führer und Erinnerungsbuch für Harz-Reisende**:*

Die Geräumigkeit des Wirthshauses läßt so leicht keinen Mangel an Platz aufkommen, Speisen und Getränke sind einfach, aber gut und kräftig, die Preise fest bestimmt und verhältnißmäßig billig, die Betten reinlich und trocken, die Bedienung schnell und höflich, auch kann der Gast nach Bedürfniß Wäsche und trockne Kleidung erhalten, wenn er solche zur Wechselung nicht bei sich führt.

Der Autor kannte sich mit den Verhältnissen auf dem unwirtlichen Gipfel anscheinend ganz gut aus, sonst hätte er beispielsweise kaum die Gefahren des Winters so plastisch und eindrucksvoll beschreiben können:

Ueber jede Schilderung fürchterlich ist häufig oben das Wetter in den Wintermonaten; wirbelnde Schneemassen verfinstern und verdicken die Luft, nicht möglich ist es, einen Schritt vor sich zu sehen, und oft wird man bedroht, zu ersticken. Der Schnee dringt bis auf den bloßen Leib durch die Kleidung, die oft noch von dem begleitenden Sturme zerrissen oder dem Leibe entrissen wird. Das Brausen und Heulen des Sturmes bringt alle nur möglichen, Schauer erregenden Töne hervor; die eigene Stimme hört man nicht, nur kriechend kann man sich fortschleppen, und wehe dem, den ein solches Wetter hier überfällt und der nicht bald einen bergenden Ort findet – er ist unrettbar verloren!

Äußerst genau hatte jener Verfasser auch den Stand der wirtschaftlichen Entwicklung in der Grafschaft Wernigerode erfasst und dabei die industrielle Bedeutung Ilsenburgs erkannt:

Die höchste Wichtigkeit für die Gegenwart hat der Ort in seinen technischen Anlagen. ... Mit jedem Jahre entfalten sich diese ... zu schönerer Blüthe, und man sieht jetzt hier Hohöfen, Hammerhütten, Zainhämmer, Walzwerke, Drathhütten, Blankschmieden, Kupferhämmer, Säge-, Oel-, Mahl-, Papier- und Pulvermühlen. Besonders ist das gräfliche Eisenhüttenwerk, zu dessen Besichtigung die Erlaubniß des Vorgesetzten nöthig ist und welches sein Material von den Gruben bei Elbingerode bezieht, eines der bedeutendsten des Harzes und vorzüglich und großartig construirt. Es besteht aus 2 Hohöfen, 1 Gießhütte mit dazu gehörigen Schlosser-, Tischler-, Schleif- und Modellwerkstätten, 1 Maschinenwerkstatt, 4 Frischfeuern, 1 Drathwalzwerk, 1 Zainhammer, 1 Blankschmiede- und 2 Drathhütten, welche letztere in Hinsicht ihres Umfanges die größten am Harze sind. Das Dach des

Links: Vereiste Wetterwarte auf dem Brocken

Brockengebiet und Ilsetal

*Das Kreuz auf dem Ilsestein
Kunstgussteller aus der Fürst-
Stolberg-Hütte Ilsenburg, um 1910*

Glühofens ist, mit Ausschluß der Ziegel, ganz aus Eisen construirt und daher vollkommen feuerfest. Die Hohöfen, von denen gewöhnlich nur einer im Betriebe ist, der wöchentlich 350 – 400 Ctr Roh- und Gußeisen liefert, bilden mit der Gießhütte und den 2 daran gelegenen Kupolöfen, den vorhin erwähnten Werkstätten, 1 Form- und Trockenhause, 1 Modellhause, 1 Eisenstein- und Schlacken- Poch- und Walzwerke, 1 Rosthause, mehren Kohlen- und Werkschuppen, ein durch eine Mauer geschlossenes Ganze, das seit 1836 nach einem neuen Plane umgebaut ist. ... Die Maschinenwerkstatt liefert alle Arten von Maschinen, namentlich: Dampfmaschinen, Walzwerke, hydraulische Pressen für Oel-, Papier- und Zuckerfabriken, Cylindergebläse, Saug- und Druckwerke. Bemerkenswerth sind besonders ihre zwei Eisenhebemaschinen, wovon die eine, horizontal wirkend, Eisenplatten ebnet und sie so polirt, daß sie dem Stahl nahe kommen, und die zweite, vertikal wirkend, die Platten an beliebigen Punkten mit Einschnitten versieht. In der Gießerei werden alljährlich 12,000 Ctr Gußwerk der verschiedensten Art, als Oefen, Gitter, Maschinentheile, Monumente, Treppen u. s. w. gefertigt.

Brockengebiet und Ilsetal

Natürlich wusste auch dieser Autor von den Naturschönheiten rund um Ilsenburg zu berichten, aber vergleichsweise knapp und nüchtern. Der industrielle Fortschritt war es, der ihn am stärksten in seinen Bann gezogen hatte. Wie völlig anders man den preußischen Flecken zeitgleich erleben konnte, verdeutlicht die **Christian Wilhelm Spiekers** *Doppelreisebeschreibung* **Der Harz, seine Ruinen und Sagen**. *1850 zu Gast in jener Gegend, formulierte er seine Eindrücke folgendermaßen:*

In Ilsenburg, einem heiteren und schöngelegenem Orte von etwa 2500 Einwohnern, empfing uns der Wirth zu den rothen Forellen, der vergnügliche Herr Horn, mit offenen Armen und wies mir ein Zimmer an nach dem Garten hinaus, wo ein plätschernder Springbrunnen zwischen Blumen und Strauchgewächsen, Tag und Nacht sein munteres Spiel trieb. Der Gasthof liegt an einem See, an dessen Ufer Lauben und Schattengänge für die Gäste angebracht sind. Die Harfenmädchen und blinden Flötenspieler, die allgemeine Plage von Bädern und Reiseorten, stöhren auch hier die Unterhaltung und die stille Freude an der Natur. ...

Vor und in den rothen Forellen war ein bewegtes Leben. Eine Karawane von Pilgern und Pilgerinnen war vom Brocken, andre Reisende waren von Goslar und Wernigerode gekommen. In den Lauben und auf dem freien Platze vor dem Hause wurde gespeist, gescherzt, erzählt, gesungen, harfenirt, alles im fröhlichen Tumult drunter und drüber. Es war nach mehren nassen Tagen ein warmer, heiterer Abend. Die Luft war mit erquickenden Düften erfüllt und der Vollmond spiegelte sich in dem klaren See. Käfer und Mücken summten vergnüglich im warmen Aether und die Nachtfalter flatterten von einer Blume zur andern. Man sah überall vergnügte Gesichter und erst gegen die Geisterstunde, wo sich alles zur nächtlichen Ruhe zurückgezogen hatte, ward es stille.

Gasthof „Zu den rothen Forellen" in Ilsenburg, um 1905

Brockengebiet und Ilsetal

*Für acht Tage blieb Spieker damals in Ilsenburg, erwanderte das Ilsetal nebst dem Ilsestein und war tief beeindruckt. Ähnlich erging es **Wilhelm Gröning**, der in seinem **Taschenbuch für Harz-Reisende** von 1850 den Weg vom Brocken herunter durchs Ilsetal sehr romantisch in Worte kleidete:*

Eine glatte Straße, welche selbst der mit Podagra Geplagte bequem passiren kann, leitet die vom Bergriesen ins Thal hinunter Pilgernden bald in das schaurigste Föhrenlabyrinth. Der süße Duft, der den Fichtennadeln entsteigt, und die Akkorde des Waldlebens treten an die Stelle der erschlaffenden Monotonie der Brockenwüste. Nur hier und da ragen grausige, zersplitterte Berghalden über die Wipfel der Bäume; aber die Laubgrotten, Baumgänge und dunklen Verstecke in diesem Eden fürchten sich vor den bösartigen Gesichtern, welche die Nachbarn des Brockens schneiden. Zu jeder Zeit auf das Aufhören des Wasserstillstandes in der Schöpfung sich gefaßt machend, schaaren sie sich, um sich mit Vortheil vertheidigen zu können, eng zusammen, wie die Küchlein um die Henne, bei Annäherung des Feindes. – Die I l s e , ein Kind des Brockens, tanzt, gleichsam als wäre sie stolz auf ihre Herkunft und auf ihr prunkvolles Reich, in ewig jugendlicher Frische und Fröhlichkeit durch das Thal, macht aber auch häufig einen gewagten *salto mortale*. Buntfarbige Regenbogen haften am Kleide der frischen Nymphe, welche dem Ruhenden Labung und erquickende Kühle spendet. Im glänzendsten Festkostüme zeigt sie sich aber bei den sog. **Wasserfällen**, welche zwar keinen Rangstreit mit dem Handeck- und Reichenbachfalle des Berner Oberlandes eingehen dürfen, aber dennoch so malerische Gruppen bilden, daß kein Zeichner sie verläßt, ohne sie in seinem Skizzenbuche zu verewigen. Sie verkürzen durch das Geplauder ihrer sich ewig kopfüber stürzenden Caskaden die Schritte des Wanderers, bis ein anderer weit imposanterer Gegenstand die Blicke auf sich zieht. Betroffen und von Entzücken überwältigt schauen wir an den rauhen Felsengliedern des gigantischen

Ilsensteins

empor, der sich mehrere hundert Fuß in senkrechter Höhe erhebt. In den Spalten des steinernen Riesenleibes haben sich hier und da wildes Gestrüpp oder eine einzelne Tanne festgewurzelt, tollkühnen Steigern gleich, welche den Rückweg von der steilen Bergwand nicht auffinden können. Vergebens streben die Gipfel der markigen Eichen und der schlanken Fichten aus dem Grunde zu ihm empor; sie küssen kaum seinen schlanken Leib, und er schaut verächtlich auf sie nieder. Unbegreiflich erscheint dem Wanderer die Manie, mit welcher kühne Erdensöhne auf der entsetzlich steilen und fürchterlichen Felshöhe, umgeben von finstern, gefahrdrohenden Schlünden, ein kolossales eisernes Kreuz, das Zeichen der allumfassenden christlichen Liebe, die selbst unsern Feinden Vergebung predigt, eingepflanzt haben. – Graf Anton von Wernigerode erwählte im Jahre 1814 diese ominöse Stelle zur Errichtung eines Denkmals für seine im Freiheitskampfe gefallenen Brüder. ...

Die kolossalen dräuenden Felsenmassen scheinen über den Häuptern der Adamskinder zusammenstürzen zu wollen; aber die grünenden Berghalden

Rechts: „Der grössere Ilsenfall im Harze", aquarellierte Federzeichnung von J. A. Breysig, 1802

Brockengebiet und Ilsetal

halten den steinernen Wall mit unsichtbaren Armen fest, und ein weit in das Thal springender Pfad leitet sicher und bequem unter der kühlenden Wölbung malerischer Baumgruppen nach dem Gipfel des Felsens. ...

Oben am Kreuze belohnt den Berganklimmenden einer der wunderbarsten und zauberreichsten Prospecte. Unter den Füßen gähnen tiefe Klüfte und Abgründe, welche die Tritte des Wanderers unsicher machen; aber schützende Geländer sichern vor Gefahr und gestatten einen Blick in den finstern Orkus, in welchem die forellenreiche Ilse mit ihren schäumenden Wellen Tausende glatter und bunter Kiesel küßt; ihr Gemurmel tönt wie Aeolsharfenklang, wie die Musik unsichtbarer Geister, und der Jünger des Orpheus strebt sich vergebens, auf seinem armseligen Schafsgedärm die melodischen Accorde nachzuahmen oder mit seinen krummgeschwänzten Notenklecksen festzuhalten. Wie eine reizende, schamhafte Braut umarmt das üppige Thal den Wunderfelsen. Ueber alle diese Bergriesen ragt der majestätische Blocksberg mit seinem gastlichen Hause. Dem Ilsenstein gegenüber starren die verwitterten Felsen der B ä u m l e r s k l i p p e und des W e s t e r b e r g s aus dem Dickicht hoher Tannen hervor. Der aufmerksame Beobachter erkennet dort die verwischten Züge einer Hieroglyphen- oder Lapidarschrift vom größten Imperialkegel, wie sie die Officin von L i t t f a ß in Berlin nicht aufzuweisen vermag und vermittelst welcher der Schöpfer die Urgeschichte der Erdkugel mit unsichtbarer Hand druckte. Am Ausgange des Thales zeigt das freundliche Ilsenburg seine rauchenden Schmelzhütten und den bunten Kranz blühender Obstgärten, welcher die bescheidenen ländlichen Wohnungen umfriedet. Das flache Land mit seinen tausend lichten Farbtönen bildet im Norden ein reizendes Naturgemälde; in blitzenden Teichen spiegeln sich wohlgefällig die Strahlen der Leben spendenden Sonne, und die reichen Fluren, untermischt mit röthlichem Klee und grünender Saat, verschmelzen im Norden mit den tiefblauen Tinten des Aethers.

Portal an der Klosterkirche Ilsenburg, 1884

Brockengebiet und Ilsetal

Neben Wernigerode profitierte Ilsenburg zweifelsfrei ab der Mitte des 19. Jahrhunderts ganz erheblich von der einsetzenden Industrialisierung und dem sich parallel dazu mehr und mehr entfaltenden Fremdenverkehr. Doch sein Angesicht veränderte jetzt auch Schierke:

... ein zwischen Klippen und Felsen gelegenes gräflich Stolberg-Wernigerodesches Pfarrdorf, mehr als 1800 F. ü. M., ½ St. lang und aus 60 Häusern mit 600 Einwohnern bestehend, die sich viel mit Hütten- und Waldarbeiten, Kohlenfuhren und Kohlenbrennen, namentlich auch bei der Sägemühle und der Eisenhütte, beschäftigen. Trotz der hohen, aber durch bewaldete Berge geschützten Lage gedeihen hier Blumen, Gemüse und Kartoffeln. Dicht am Orte liegt das besuchenswerthe *Pfarrthälchen*. Die Umgebungen von Schierke tragen einen wilden Charakter. Man wird beim Anfang des Dorfes rechts auf geringer Anhöhe das Wirthshaus erblicken, wo man leidlich, doch nicht wohlfeil, bedient wird. Dort sind Pferde und Wagen für die Brockenfahrt zu festen Preisen zu haben.

In dem **Illustrirten Handbuch für Reisende in den Harz** *von 1859 wusste der Herausgeber* **Theobald Grieben** *natürlich auch die obligatorischen „vorteilhaften Winke" für den Brockenreisenden zu geben:*

Auf dem Brocken befindet sich ein geräumiges *Wirthshaus*, das stets von Fremden besucht ist und selbst während des Winters Gäste hat. Man kann den Besuch jährlich auf 2000 bis 2500 Personen annehmen. ... Sobald man auf der Höhe anlangt, trete man sofort in den geheizten Saal und setze sich nicht eher der hier immer scharfen Zugluft im Freien aus, bis man sich völlig abgekühlt und durch warme Getränke gestärkt hat. Zur Unterhaltung dient das reich gefüllte Brockenbuch. Dann erst trete man mit festgeschlossenem Ueberrock und gut verwahrtem Halse auf den Thurm. Auch versichere man sich für den Fall des hier zu nehmenden Nachtlagers sofort eines Zimmers mit Bett, da der ausserordentliche Besuch (an manchen Tagen gegen 300 Personen) zu der immerhin geringen Anzahl Betten und dem anderweitigen Nachtlager für etwa 100 Personen in keinem Verhältniss steht. ... der jetzige Brocken-Pächter (Köhler) liefert Speisen, Getränke und Nachtlager nach festgesetzter Taxe, die in Betracht zur Höhe nicht unbillig zu nennen ist. Man hat daher nicht nöthig, sich mit Lebensmitteln zu belasten, denn an allem Nothwendigen ist hier nie Mangel; nur für mögliche unvorhergesehene Fälle beim Hinaufwandern (z. B. Verfehlen des Weges) dürfte die Mitnahme eines kleinen Proviants rathsam sein. Der Tisch ist einfach, aber schmackhaft; feine, ausgesuchte Speisen zu verlangen, wäre ein Unding. ...

Wer einen *Führer* mit sich genommen hat, kann ihn hier jederzeit durch einen anderen ersetzen; für die Begleitung nach den verschiedenen Sehenswürdigkeiten auf und am Brocken zahlt man einige Groschen. Vorherige Verständigung ist zu empfehlen.

Brockengebiet und Ilsetal

Das Interesse an Harzliteratur muss bereits in der Mitte des 19. Jahrhunderts sehr groß gewesen sein. **August Ey**, *der 1855 und damit nach knapper Jahresfrist sein* **Harzbuch oder Der Geleitsmann durch den Harz** *schon in zweiter Auflage in den Handel bringen konnte, verkündete im Vorwort nicht ohne Stolz: „Der glänzende Erfolg, welchen sich mein Harzbuch errungen, hat mich wahrhaft überrascht." Hiervon bestärkt, postulierte er an sich selbst einen so hohen Anspruch, dass ...*

... ich hoffen darf, keines der früher erschienenen Werke dieser Art, werde sie an Treue der Darstellung, an Gediegenheit und Vollständigkeit übertreffen. Es ist eine Unzahl von Fehlern und halbwahren Angaben beseitigt, die seit Erscheinen des ersten Buches für Harzreisende, des Taschenbuches von G o t t s c h a l k i. J. 1803, sich durch a l l e Harzbücher unverändert fortgeschleppt hatten.

Doch da hatte sich der aus Zellerfeld stammende Autor schon geirrt, denn besagtes Taschenbuch ist nicht 1803, sondern 1806 erstmals erschienen. – Wie jener Gottschalck zu Beginn des 19. Jahrhunderts den Ausblick vom Brockenplateau beschrieben hatte, wurde in diesem Kapitel bereits wiedergegeben. Nun soll die mit einem Abstand von knapp 50 Jahren entstandene Darstellung aus der Feder Eys – trotz aufgedeckter Irrung – zum Vergleich geboten werden:

Unbeschreiblich ist die Aussicht, deren fernste Punkte nördlich die Lüneburger Haide, südlich das Röhngebirge, östlich der Culmberg bei Oschatz und westlich das Sauerländergebirge sind, die den 200. Theil von Europa und 11,000. Theil der Erdoberfläche begreift und 34 – 36 Meilen im Durchmesser hat. Auf 830 Q.-M. liegen 89 Städte, 668 Dörfer vor uns in Nähe und Ferne. Man übersieht einen Theil der Königreiche Preußen, Hannover, Sachsen, des Großherzogthums Weimar, der Herzogthümer Braunschweig, Anhalt und Gotha, der Fürstenthümer Schwarzburg, Lippe und Waldeck; ja bis ins Mecklenburgische und Bairische soll der Blick reichen; die Städte Halberstadt, Quedlinburg, Magdeburg, Zerbst, Wittenberg, Dessau, Köthen, Aschersleben, Clausthal, Zellerfeld, Hildesheim, Hannover, Braunschweig; das Schloß Bernburg, der Petersberg bei Halle, die Thürme Merseburgs und Leipzigs, die Domthürme und die Cyriaksburg bei Erfurt, der Inselberg und Thüringerwald, Wartburg bei Eisenach und mehrere Andere sind theils mit bloßem, theils mit bewaffnetem Auge wahrzunehmen. Dieser großartige Naturanblick von der Bergpyramide, unter deren Höhe alles klein wird und verschwindet, vor welcher Herrschaften und Länder dort unten in tiefer Niedrigkeit liegen, auf welcher man von 6 Millionen Menschen umgeben, dennoch in geheimnißvoller Einsamkeit sich findet, vor welcher alles Große und Erhabene zum Unbedeutenden und Unerkennbaren herabsinkt; dieser Anblick hat einen Reiz, etwas wahrhaft Wunderbares und Ergreifendes, das völlig unbeschreiblich ist.

Brockengebiet und Ilsetal

Vor dem Hintergrund der hier, wie in anderen Reiseführern auch, in Aussicht gestellten und nahezu überwältigenden Fernsicht überrascht es nicht, dass **Carl Gottlieb Friedrich Brederlow** *neun Jahre zuvor in seinem Band* **Der Harz. Zur Belehrung und Unterhaltung für Harzreisende** *den Erstbesteigern des Berges warnend-belehrende Worte mit auf ihren Weg gab:*

Der e r s t e Eindruck des Brockens ist grade kein angenehmer; es überfällt den Wanderer zunächst eine unabweisliche Ueberspannung; ringsum völlig ungewohnte Gegenstände, eine Sphäre, in der man mit seinen Gedanken und Blicken sich nicht zurecht finden kann, das an enge Grenzen gewöhnte Auge ermattet anfänglich in einem Horizonte, in welchem eine endlose Welt sich ausdehnt. Daher kommt's auch, dass überhaupt das Bild nach einer e r s t e n Brockenreise immer ein dunkles bleibt und dass Viele, die nur e i n m a l auf dem Brocken waren, häufig nicht sonderlich zufriedengestellt werden: sie haben zuviel gesehen. Nur wer den ehrwürdigen Berg öfter besteigt, lernt ihn in seiner ganzen Schönheit würdigen; mit jeder Wiederholung des Besuchs erscheint dieser Bergriese anziehender, grösser, erhabener und nur bei heimischer Bekanntschaft erkennt man seine völlige Herrlichkeit. ... die Freiheit der Gedanken, die Unermesslichkeit des Blicks, die Andacht, die Himmelsnähe in dieser Abgeschiedenheit, – ja, es ist mehr ein geistiger Genuss, der aus der Brockenaussicht uns entgegenströmt; selbst plumpe und stumpfe Menschen fühlen ihn. Schade, dass bei der Laune des Brockenklimas selten dieser Genuss ein ganz reiner, dauernder, ungestörter ist.

Heutige Bebauung auf der Brockenkuppe

155

Brockengebiet und Ilsetal

Wieder und wieder ist in der zweiten Hälfte des 19. Jahrhunderts auf dem Brocken gebaut worden. Das Gasthaus wuchs in Breite und Höhe, der Aussichtsturm erhielt einen separaten Standort und zeigte sich erst viereckig, dann schließlich rund ... – doch die bedeutendsten Veränderungen auf dem greisen Haupt des Harzberges brachte unbestreitbar die Brockenbahn mit sich. Diese technische Meisterleistung fand allerdings unter den Zeitgenossen nicht nur begeisterte Anhänger, sondern gleichsam energische Gegner.
Hans Hoffmann *fasste in seiner bekannten Schrift* **Der Harz** *sowohl die Vor- als auch die Nachteile der Bahn – im Gegensatz zu dem eingangs zitierten Dr. Eduard Jacobs – in sehr wohl gesetzten Worten zusammen, ohne die eigene Meinung zu verschweigen:*

In der altersgrauen und halbbarbarischen Zeit des 19. Jahrhunderts, das will sagen, bis zum Frühling 1899, pflegte man den Brocken von Wernigerode aus auf drei oder vier verschiedenen Wegen zu Fuß oder zu Wagen zu ersteigen: entweder über die Steinerne Renne und weiter an der Holtemme hin, bis nahe an deren Quelle auf dem Renneckenberg, und endlich auf der Ilsenburger Chaussee bis zum Gipfel; oder durch das Drängethal über Schierke; oder über den Ottofelsen und die Hohneklippen; oder man fuhr nach Ilsenburg und hatte von hier den kürzesten Aufstieg. Das sind nun alles verschollene Dinge. An Wagenfahrten denkt niemand mehr, und zu Fuße kraxelt höchstens noch hie und da einmal ein altmodisch romantisierendes Individuum oder ein bußfertiger Pilgrim zur Abspülung seiner Sünden. ...

Wie anders gestaltet sich eine Brockenfahrt und ein Brockenaufenthalt heute! Aus einer starken Strapaze ist ein Ausruhen geworden, aus Entbehren und Unbequemlichkeit ein Schwelgen in üppigen Mahlzeiten und molligen Betten. ... im Frühling 1899 ist die Brockenbahn eröffnet worden und zugleich die erste Querbahn über den ganzen Harz.

Brockenhotel, um 1900

Oldtimerzug der Harzquer- und Brockenbahn kurz vor Drei Annen Hohne

Brockengebiet und Ilsetal

Sie ist freilich ein Kind des Streites gewesen, diese Bahn, und es ist ihr nicht leicht geworden, sich ins Leben zu ringen. Nicht bloß die Gelehrten der Börse und der Stadtverwaltungen waren sich uneins darüber, ob sie ihre finanzielle Daseinsberechtigung werde nachweisen können oder nicht, auch die Naturfreunde und Harzwanderer standen ihr zwiespältig und zweifelnd gegenüber. Ist es zu billigen, so fragte man mißmutig, daß der grelle Pfiff und das mißtönige Rasseln den Frieden der Natur störe und in jungfräuliche Waldheimlichkeiten das lärmende Hasten des gemeinen Welttreibens hineindränge? Ist es nicht ganz abscheulich, sogar dem erhabenen Haupte des Vater Brocken höchstselbst den eisernen Reif um den geweihten Scheitel zu legen? Darf der prosaische Schienenstrang die poesiegeweihte „Gegend von Schierke und Elend" verunzieren? ... Und werden die hurtigen Besenstiele der Hexen die Konkurrenz mit der Dampfkraft bestehen können? ... Welch ein Greul muß es sein, wenn erst an jedem schönen Tage die überfüllten Bahnzüge den zappelnden Reisepöbel auf die ernste Brockenkuppe speien! Verdient der überhaupt die Schönheit der Berge zu genießen, der sie nicht im Schweiße seines Angesichts ringend sich erobert hat?

Nun, das hat wohl alles seine Wahrheit. Nur reicht diese Wahrheit nicht allzuweit. Der rechte Gebirgswanderer braucht noch lange nicht aus dem Harz zu verschwinden: der Harz ist groß genug, den fadendünnen Querstrich über seinem Rücken vertragen zu können. Es giebt noch grundeinsame Thäler wie Höhen in Hülle und Fülle, und vielleicht wird gerade die Eisenbahn, die Masse an sich lockend, solche noch einsamer machen.

Und dann, was die Hauptsache scheint: jene beglückende und jungfräuliche Einsamkeit gab es gerade auf der von der Eisenbahn durchmessenen Strecke schon lange, lange nicht mehr! Die Lokomotive kann da mit aller Anstrengung gar nichts mehr schlimmer machen. Wer den Wagen- und Omnibusverkehr mit seinem Staub und Unrat an schönen Sommersonntagen auf den Brockenstraßen und auf der Kuppe kennt, wer dort im Gasthause einmal, in Menschenmassen eingekeilt, unter Lebensgefahr um ein Glas Bier oder Sauerbrunnen gerungen hat – der lächelt stumm über jede

Der alte Westerntorbahnhof, Postkarte, um 1910

Brockengebiet und Ilsetal

Befürchtung, es könnte noch ärger werden. Nein, der Tiefpunkt des Schreckens ist längst erreicht, es kann nur noch besser werden. ... Die Menschenfluten werden zwar künftig wohl in noch größerer Zahl, aber auch in beschleunigtem Zeitmaß über die Kuppe gespült werden, dazwischen werden Ruhepausen eintreten, in denen der bessere Mensch zum Aufatmen kommt.
Wer aber unverbesserlich besserer Mensch ist und die ganze Neuerung unversöhnlich haßt, dem bleiben für eigene Freuden noch immer die Wintermonate übrig, wo die Berglokomotive ihre Lunge ausheilt: und daß gerade dann der Brocken seine weitaus besten Tage hat, weiß jeder Eingeweihte wohl. Die Schneeschuhe an die Füße und alle Bergbahnen der Welt verlacht! Und was die Hexen angeht, so ist zu glauben, sie sind Weibs genug, für sich selbst zu sorgen.

Die Hexen werden sicher erfolgreich für sich selbst gesorgt und dem Fortschritt getrotzt haben, sonst würden sie kaum bis in die Gegenwart alljährlich in jener sagenumwobenen Nacht im Harzer Land ihr mittlerweile recht harmloses Unwesen treiben. Gibt es aber noch jene Gemeinschaft wanderfreudiger und winterfester Männer der „Brockenbrüderschaft", von der **Rudolf Stolle** *1908 in seinem* **Weißen Harzführer** *sprach?*

Unter diesem Namen besteht eine aus kleiner Zahl allmählich hervorgegangene Vereinigung von Herren aus den besten Kreisen, die im Laufe der Zeit in ein inniges Freundschaftsverhältnis getreten sind. Sie treffen sich am Nachmittag des Sylvestertages auf dem Brocken, dem sie von allen Seiten her zustreben. Es wird im geschlossenen Kreise eine in herkömmlich gewordenen Formen verlaufende Sylvesterfeier abgehalten.
Die Höhepunkte bilden um Mitternacht eine Festrede auf Kaiser und Reich – ein stimmungsvoller, sehr feierlicher Moment – und ein Umzug durch alle Räume des Brockenhauses, der unter vorangetragenem brennenden Christbaum stattfindet und bei günstigem Wetter auch um den Brockenturm fortgesetzt wird. Sodann folgt eine ausgedehnte gemeinsame »Fidelitas«. Am Neujahrsmorgen, nach gemeinsamer Kaffeetafel trennt sich die Gesellschaft mit dem Wunsche »Auf Wiedersehen im nächsten Jahre!« Vorsitzender der Brockenbrüderschaft ist Professor R e t t e l b u s c h in Magdeburg, Kommersleiter Schulinspektor A. S a t t l e r in Braunschweig, Schriftführer Generalagent M a t t h e s in Stettin, von dem die Satzungen zu beziehen sind. Bei rechtzeitiger Anmeldung wird seitens der Vereinigung die Führung von Neulingen gern übernommen. Der Aufstieg erfolgt meist von Schierke und Bad Harzburg (näheres wird vereinbart). Ausrüstung: Wasserdichte Stiefel, Hausschuhe, zwei Paar Wollstrümpfe, Gamaschen, Winterbeinkleid, Winterlodenjoppe, Rucksack mit den notwendigsten Utensilien, warme Mütze mit Ohrenklappen (Baschlik), Mantel über den Rucksack geschnallt, langer Alpenstock, etwas Proviant und – wenn möglich, besonders bei hohem Schnee – Schneereifen oder Skis.

Einheimische und Gäste

*Wernigerode und der Brocken
Ausschnitt einer Gouache von
Johann Heinrich Bleuler, um 1829*

„Den Harz bewohnt ein biederes, treues und gemüthliches Völkchen, das noch seine vollen Säfte hat; einfach, wie sein Tagewerk, sind seine Sitten; Zufriedenheit mit dem Wenigen, was die Glücksgöttin aus ihrem Füllhorn gestreut hat, ist sein Erbtheil."

Wilhelm Gröning, 1850

Einheimische und Gäste

Noch bis in die zweite Hälfte des 18. Jahrhunderts hinein hielten sich die verschiedenen Autoren sehr zurück, wenn es darum ging, die Bewohner des Harzes bzw. deren Eigenheiten genauer zu beschreiben; einzig „Gewerbe" und „Profession" der in diesem Gebiet Lebenden wurden als „merkwürdig" genug betrachtet, um sie ausführlicher zu thematisieren.

Neue Akzente setzte **Johann Christoph Stübner**, *der als Hüttenröder Pastor und Subprior des Klosters Michaelstein den Menschenschlag der Gegend aus eigenem Erleben sehr gut kannte. In den Jahren 1788 und 1790 hatte er sein zweibändiges Werk „Denkwürdigkeiten des Fürstenthums Blankenburg und des demselben inkorporirten Stiftsamt Walkenried" herausgebracht, das 1793 unter dem veränderten Titel* **Merkwürdigkeiten des Harzes überhaupt und des Fürstenthums Blankenburg insbesondere** *noch einmal in Halberstadt verlegt wurde.*

Bergleute unter Tage Stich aus „Voyage dans le Harz", 1862

Einheimische und Gäste

In der Einführung tat Stübner unter der Rubrik „Vom Harz überhaupt" kund:

Die Ketten dieses Gebirges, die sich nach verschiedenen Richtungen durchkreuzen, wo wenig Ebenen, rauhes Klima, heftige Winde, starke und lange anhaltende Kälte, dicke Nebel, tiefer und lange liegender Schnee, viele beschwerliche Wege anzutreffen, wo der Donner mächtig kracht, sind denen, die aus bewohnten Ebenen und anmuthigen sanften Gefilden dahin kommen, und nach mühsam erstiegenen Höhen in abschüßige Tiefen herabsehen, überaus fürchterlich. Sie bedauren die Bewohner der Höhen wegen der heftigen Winde und des strengen Winters; die Einwohner in den tiefsten Thälern, wegen der schweren und gefährlichen Arbeiten. Härzer aber, welche an ihre Lebensart gewöhnt sind, welche die Vortheile des Harzes kennen, urtheilen anders. Für sie haben diese wilden Gegenden eine erhabene Schönheit. Viele Produkte der Oberfläche, viele unterirdische Reichthümer beschäftigen und nähren sie. Der Bergmann holt Erze aus der Tiefe der Erde, der Holzhauer fället hartes und weiches, laub- und nadelntragendes Holz; der Köhler läßt seinen Mieler rauchen; der Fuhrmann bringet Holz, Erze und Kohlen an den bestimmten Ort; der Hüttenmann scheidet durch seine vulkanische Arbeit Metalle von Schlacken; Hausmütter besorgen die Bedürfnisse der Ihrigen, ihren Haushalt, ihr Vieh. Alle sind geschäftig. Die Besoldungen und Auslohnungen wegen der Forsten, Bergwerke und Hütten, verursachen einen Umlauf des baaren Geldes. Härzer sind bey harter Kost und noch härterer Arbeit vergnügt, und für ihr bergiges Land so eingenommen, wie die **Schweizer** für das ihrige, so daß sie im flachen Lande nicht lange dauren können. Gegen ihr Gewerbe haben sie nicht allein eine vorzügliche Anhänglichkeit, sondern auch Ehrfurcht. Stark geheizte Stuben sind ihnen nach vollbrachter Arbeit eine Erholung, ja sie machen Winters und Sommers damit Staat. Die grüne Nacht der dichten Wälder, der manchfaltige Gesang der Vögel, die Viehheerden auf grünen Weiden, die Flüsse und Bäche in den Thälern des Harzes, der aufsteigende Rauch der Hüttenwerke, das dumpfe Getöse der Hammer- und Puchwerke, welches mit dem Klappern, Stampfen und Rauschen der Mahl- Oel- Lohe- und Sagemühlen abwechselt, verschaffen ihnen mehr Veränderungen und Vergnügen, als sie im flachen Lande finden, und verursachen, daß sie manche Ungemächlichkeit nicht hoch in Anschlag bringen. Lebensmittel tragen sie in schweren Lasten ohne Murren über hohe Berge zu ihren Wohnungen, oder lassen sich dieselben zuführen. Die Würkung der heitern Bergluft ist den meisten Härzern im Gesicht zu lesen. Sie sind starke, gesunde, abgehärtete Leute. Daß die Einwohner bergiger Gegenden eine dauerhafte Gesundheit vor andern geniessen, zeigen die Erfahrungen der Aerzte. Eine ziemliche Anzahl Krankheiten ist ihnen ganz unbekannt, welche in niedrigen, feuchten Gegenden oft vorkommen. ... Fast durchgängig sind die Härzer gutherzig und vergnügt, und ihre Sorgen reichen mehrentheils nur von einem Lohntage zum andern. Ihre **Mundart** ist theils hoch- theils plattdeutsch, theils vermischt, je näher sie dem ober- oder niedersächsischen Kreise wohnen.

Einheimische und Gäste

Mit Hilfe der nur wenige Jahre zuvor erschienenen **Abhandlung vom Brocken und dem überigen alpinischen Gebürge des Harzes** *aus der Hand* **Christian Friedrich Schroeders** *lassen sich einzelne Aspekte jener Beschreibung sogar noch genauer illustrieren:*

Wer ein feines Gehör, und nur einige Zeit auf diese Verschiedenheiten Acht gegeben hat, kennet einen Einwohner jedes Harzartes schon an seiner Sprache. Alle drey Hauptmundarten aber sind weder dem Genius der deutschen Sprache angemessen, noch sonst angenehm ins Gehör fallend.

Der gemeine, besonders niedersächsische Unterhärzer, dessen ganzes Temperament Phlegma, mit Beymischung einiger im Hintergrunde im höchsten Nothfall steckenden, aber alsdenn anhaltenden Cholera ist, nimmt den Mund recht voll, spricht äusserst langsam, ziehend, singend, und der ganze Ton der Sprache mit seinen verdorbenen Wörtern und verworfenen Construction ist sehr auffallend. Der Hauptzug des Characters des Niederhärzers ist bey einem äusserlich rauhen Wesen unverstellte Redlichkeit. Als Soldat geht er vielleicht allen Nationen in anhaltender, fest entschlossener, doch langsamer Tapferkeit und Dauer des Körpers vor. Der gemeine Oberhärzer drückt in seiner mehr lebhaften und angenehmen, dabey aber denn doch ins Singende fallenden sonderbaren Aussprache den Hauptcharacter seines sorgenlosen, muntern Gemüths, ein einnehmendes Wesen, heitere Aufrichtigkeit und ein durchgehends sanguinisches Temperament aus. Er ist aber gegen den Unterhärzer, was der Franzose gegen den Spanier ist.

Je näher ein Ort nach dem höchsten Punkte des Harzes, dem Brocken, folglich je höher er liegt, je rauher und härter ist seiner Einwohner Aussprache. Welch ein Einfluß des Klima's auf den ganzen Menschen!

Im übrigen sind sämmtliche Härzer starke, gesunde, abgehärtete Leute, und sind beydes grosse Kälte und große Hitze (vermöge ihrer Stuben und Hüttenwerke) gewohnt.

An anderer Stelle äußerte Schroeder im Jahre 1785:

Sowohl auf dem Ober- als Unterharze macht das Klima es nothwendig, daß die Bewohner Jahr aus Jahr ein eingeheizte Stuben halten. Diese Folge des kalten Klima ist hierbey unter ihnen so zur Gewohnheit und gleichsam zu ihrem Hauptluxus geworden, daß sie auch an den besten Sommertagen, da sie des warmen Ofens entbehren könnten, demohngeachtet bis zum Glühen des Ofens einheizen, die Fenster und Thüren aufsperren, und dies gegen den holzarmen Landmann als ihre höchste Glückseeligkeit und Vorzug rühmen, und es für einen Staat des Harzes ausgeben. Ueberhaupt ist der Härzer sehr für sein Vaterland und seine Lebensart eingenommen, und dies am allermehrsten in den rauhesten und höchsten, vom Lande am mehresten unterschiedenen Orten. Sie können daher im Lande nicht wohl dauern, und bekommen bald das Heimweh.

Der Ilsestein mit dem Eingang ins Ilsetal
kolorierte Lithographie von Ludwig Eduard Lütke nach Wilhelm Paetz, um 1835

Einheimische und Gäste

*Eine solch allgemeine Charakteristik der hiesigen Gebirgsbewohner lieferte auch der anonyme Verfasser des um 1845 in Braunschweig veröffentlichten **Harz-Albums**:*

Die Harzer bilden zwar kein besonderes, abgeschlossenes Völkchen, da sie vier verschiedenen Fürstenhäusern untergeordnet sind und immerwährend neue Familienverbindungen mit den Bewohnern des flachen, angrenzenden Landes eingehen: dessen ohnerachtet haben sich ihnen, als Bergbewohnern, doch viele, durch Klima, Natur, Erwerbsart und Schicksale angeerbte und gebotene Eigenthümlichkeiten im körperlichen und geistigen Charakter, in Lebensweise und Sitten als gemeinsames Gepräge aufgedrückt. Sie bilden einen kräftigen, thätigen und ausdauernden Menschenschlag, dessen Männer aber weder sehr groß, noch beleibt sind, und dessen Weiber ein meist hageres, mehr eckiges, als rundes und volles Ansehen haben. Die ungesunde Beschäftigung eines sehr großen Theiles der Bevölkerung in den Berg- und Hüttenwerken giebt den Männern eine bleiche Gesichtsfarbe und verwitterte Züge, doch trifft man auch oft auf recht ausdrucksvolle, kühnblickende Gesichter. Der Harzer, besonders der Oberharzer, liebt seine Berge und kehrt, vom Heimweh getrieben, auch aus anmuthigeren Gegenden immer gern wieder zu seiner rauhen Geburtsstätte zurück. Er ist fröhlich und lebhaft für Musik und Tanz interessirt; aber eben sein Frohsinn, in Verbindung mit seiner Armuth und der daduch bedingten schlechten und kümmerlichen Kost, verleitet ihn oft zu einem nicht sehr mäßigen Genusse des Branntweins. Er ist zwar derb, neugierig und geschwätzig, – dagegen aber auch sehr ehrlich, gutmüthig, gefällig und vertrauenvoll.

Harzer Bauern vor dem Rathaus, um 1840

Hatten Stübner und Schroeder in ihren Ausführungen die Dinge doch etwas zu romantisch betrachtet oder hatten sich die Lebensverhältnisse der Harzer im Laufe der Zeit eher verschlechtert?

Einheimische und Gäste

Der Blick aufs zeitgenössische Detail mag Antwort geben. **Adolph Glassbrenner**, *ob der von ihm erdachten Satiren im 19. Jahrhundert hochgeschätzt, hatte während seiner Harzreise in einer der „Bauernkneipen oder feiner ausgedrückt: Landmanns-Restaurationen" Rast gehalten. Die prägenden Eindrücke aus diesem „gezimmerten Klumpen-Unglück" der 1830er Jahre hielt er in einem Brief an seine Berliner Geliebte fest:*

„Theure Emma!
Ich sitze hier in einer Bauernkneipe des Harzes und bin das unglücklichste Geschöpf auf Gottes weiter Erde. Wenn Sie mich je geliebt haben, so bedauern Sie mich. Ruhe- und Wasserlechzend trat ich hier ein, sah diese Wirthschaft, empfahl meine Seele dem Himmel und setzte mich, weil ich nicht weiter konnte. Mein Religionslehrer der Knierimschule sagte mir immer: Gott wäre überall, aber hier in dieser Bauernkneipe kann er unmöglich sein, unmöglich! Denken Sie sich, mein Fräulein: Gott, der in Frankreich oder in Mannheim so anständig leben kann, wird sich hier in dieser ehrlichen Mördergrube aufhalten – nein, das thut er gewiß nicht. Ich gebe ihnen mein Wort darauf, diese Leute hier können ganz sicher davor sein, daß sie der Teufel holt, denn der Teufel hat Geschmack und ist kein Schweinigel mit Respekt zu sagen. Wenn Sie in dieser sogenannten Stube ein Plätzchen finden, wo der Schmutz nicht zwei Fuß über der Meeresfläche liegt, so will ich's übertrieben haben. Kinder liefen hier Schockweise herum, Kinder, denen seit dem Taufbecken kein Tropfen Wasser zu Gesicht gekommen ist. Sie haben fliegende zottige Haare, einen hyperdreckigen Unterrock und keine Strümpfe auf den Pfoten. So eben fangen sie noch an zu schreien und zu weinen, das fehlte noch. Sie wissen, geliebte Emma, welch ein Liebhaber ich von Kindergeschrei bin; wenn wir uns je verheirathen, so muß ich sehr darum bitten. Daß mehrere verfluchte Katzen miauen und verschiedene Hunde knurren und bellen, versteht sich von selbst, und will nicht viel sagen, wenn man an die Fliegen in diesem Menschenstall denkt. Emma, geliebte Emma, ich gebe Ihnen mein Ehrenwort darauf, diese Fliegen hier übertreffen jede Vorstellung von Mehrheit und Niederträchtigkeit, die man bis jetzt gehabt hat. Ich will lieber, daß mir fünf bis sechs große Bullenbeißer im Gesicht herumspringen, als zehn solcher schändlicher Fliegen. Aber was sprech' ich denn von zehn Fliegen? Zehn ist doch eine Zahl, aber von Zahlen ist hier gar nicht die Rede. Denken Sie sich, daß meinem Freunde S. in diesem Augenblicke dreitausend Fliegen blos auf der Nase sitzen! Kaum hat er sich hundert dieser Unholde von der Stirn verjagt, so sitzen ihm, wie gesagt, mehrere tausend auf der Nase, jagt er sie dort weg, so setzen sie sich wieder auf die

Einheimische und Gäste

Stirn, mit einem Worte: es ist etwas E m p ö r e n d e s ! Die übrigen Fliegen, die keinen Platz mehr finden, sich zu setzen, fliegen Wolkenweise vor den Augen vorüber und wenn man Athem schöpfen will, so muß man zuvor die Backen voll Luft nehmen, den Mund weit ausstrecken, und den Wind ins Land fahren lassen. Und dabei leiden die Wirthsleute nicht einmal, daß man die Fenster öffnet, aus Furcht: die Fliegen möchten hereinkommen. Ich bin schon so rasend geworden, daß ich hier öffentlich den ganzen Harz mit Stumpf und Stiel verflucht habe. Emma, wenn ich jetzt bei Ihnen sitzen könnte, ich wollte Sie todtbeißen vor Freude!

Die Krone wird aber meinen Leiden noch durch das Hiersein einiger alten Bauern aufgesetzt, die rothe Augen haben. Das ist das Widerlichste unter der Sonne! Emma, wenn Sie ein alter Bauer wären und rothe Augen hätten, ich hätte Sie nie geliebt, und wenn Sie in Gold säßen! Eine alte Frau, die mit dem Kopfe schüttelt, und ein alter Bauer mit rothen Augen, ist eine Höllenqual, eine Tortur, ein Gedicht vom preußischen Kriegsrath Müchler! Wenn ich mit einer alten Frau spreche, und sie nickt immerfort mechanisch mit dem Kopfe und schüttelt ihn auch wohl mitunter, um ihre Aufmerksamkeit zu beweisen, so möchte ich mir die Haare ausreißen vor innerem Unbehagen ...

Emma! ich bitte Sie um Himmelswillen, schütteln Sie nie mit dem Kopfe, wenn auch Ihre Stirn sich einst in Falten legen sollte, und können Sie ja das Nicken nicht lassen, so thun Sie's lieber schon jetzt, wenn ich Sie bitten werde, mich zu küssen, und dergleichen mehr.

Leben Sie wohl!
Ihr
merkwürdig unglücklicher
A d o l p h."

Diesen Brief schrieb ich in einem kleinen Neste, in welchem ich, der Erzählung nach, noch gar nicht sein kann, es liegt mir aber daran, dem Leser meinen Zustand *a priori* zu malen, und ihm zu zeigen, mit welchen Schmerzen ich die Erholungsreise mache.

Zweifelsfrei handelt es sich bei diesem Auszug aus Glassbrenners literarischer Skizze **Meine Reise nach dem Harze** *um einen punktuellen Eindruck, noch dazu von einem Poeten fixiert, der für seine Bissigkeit bekannt ist. Aber nicht nur der Brief lässt die so oft gepriesene Romantik des Lebens im Gebirge rings um den Brocken vermissen.*

Hotel „Prinzess Ilse" im Ilsetal, vor 1900

Einheimische und Gäste

***Christoph Ferdinand Heinrich Pröhle**, 1822 in Satuelle als Pfarrerssohn geboren, hatte sich nach seinen Studien in Halle und Berlin in den 1850er Jahren den Harz zu seinem Lebensmittelpunkt gewählt und hier vor allem auf Anregung seines Lehrers Jacob Grimm mit großem Eifer Sagen gesammelt und veröffentlicht. Pröhle zeichnete 1851 in dem Band **Aus dem Harze. Skizzen und Sagen** ein eher nüchternes Bild vom alltäglichen Dasein in jener Gegend:*

Das Leben und Treiben der Menschen, die sich am Brocken eingenistet haben, macht auf den Reisenden durch seine große Einfachheit immer einen eigenthümlichen Eindruck. Beim Hinabsteigen auf der Südseite des Brockens wurde ich wiederholt von kleinen Buben, die ihren Vätern das Mittagsessen in irdenen Töpfen zu den Holzschlägen trugen, mit einem kleinen Spruch angeredet, der, sich auf das Herkommen berufend, die in der Gegend von Schierke übliche Bettelei ebenso naiv als verständig also motivirt:
Es ist allhier –
Die Brockenmanier –
Sie werden's uns nicht verdenken –
Ein kleines Trinkgeld schenken.
Das wenigstens war allemal die Grundidee des hin und wieder etwas veränderten Brockenverses. Das Dorf Schierke (mit Elend aus dem „Faust" bekannt) hat wirklich etwas Unheimliches, theils durch seine blos aus Tannenbrettern zusammengesetzten Häuser, welche diesen Brockenbewohnern schwerlich vor Sturm und Regen immer vollkommenen Schutz geben können, theils durch seine häßlichen, hexenartigen Frauen, welche durch ihre Kropfbildungen eine traurige Berühmtheit erlangt haben und den Beweis liefern, daß die Perle der Schöpfung nicht gleich gut in der Nähe der Wolken, wie in blumigen Wiesenthälern gedeiht.

Daß der Mensch, um sich hier zu nähren, sich mancherlei ungewöhnliche Erwerbsquellen eröffnen muß, versteht sich von selbst. Man sammelt ganze Tragkörbe voll Beeren, welche von den Frauen mehrere Tagreisen weit ins offene Land hineingetragen werden. Aehnliches geschieht in der ganzen Umgebung des Brockens. So zieht man in Andreasberg (auf dem Oberharz) und selbst in Ilsenburg, welches eine sehr bedeutende Eisengießerei hat, Cannarienvögel in Vogelhecken.

Im gleichen Atemzug verwies der Verfasser auf neue und zukunftsträchtige Entwicklungen, indem er schrieb:

Der Wellenschlag des vermehrten Verkehrs in den Ebenen und Thälern berührt selbst, dort leise nachwirkend, die Höhen der Gebirge, und je mehr Chausseen und Eisenbahnen unten entstehen, um so lebendiger wird es oben, um so geschäftiger sind dort Maurer und Zimmerleute, auf einsamen Berggipfeln stattliche Häuser zur Empfangnahme von Fremden zu bauen.
Eines der ältesten Wirthshäuser auf den Höhen des Harzes ist das Brockenhaus, und Her Nehse, der Brockenwirth, gilt daher auch in der That für den König der Harzwirthe.

Einheimische und Gäste

Obwohl Pröhle 1858 das geliebte Gebirge verließ, um als Lehrer und Publizist zunächst in Mühlheim an der Ruhr und dann für gut drei Jahrzehnte in Berlin zu wirken, blieb er dem Brocken samt seinem Umfeld auf Lebenszeit verbunden. Im Jahre 1890 erreichte das von ihm herausgegebene Bändchen „Der Harz. Praktisches Handbuch für Reisende" seine 22. Auflage!

Der seinerzeit unter anderem von Pröhle konstatierte „vermehrte Verkehr" brachte einen stetig wachsenden Zustrom von Gästen in den Harz. Mit Blick auf die Differenziertheit dieser vielschichtigen Klientel stellte **Carl Gottlob Friedrich Brederlow** *1846 in seiner Schrift* **Der Harz. Zur Belehrung und Unterhaltung für Harzreisende** *fest:*

So Viele auch den Harz bereisen, ein Jeglicher sieht ihn anders: – anders die glückliche Jugend, die über den Giessbach springt oder auf Felsen und in Klüften umherschwärmt; – anders das reifere Alter, das bedächtig zum Thale hinabsteigt; anders der körperlich Leidende, der im frischen Waldesgrün oder im sprudelnden Quell neue Lebenskraft sucht; – anders der Gewerbefleissige, der im gebändigten Sturzbache den Lehrer des menschlichen Kunstfleisses begrüsst; – anders der Naturforscher, der auf platten Wegen, die gedankenlos Tausende wandern, nach reichen Schätzen spürt; – anders ein jeder Wanderer, – und so viele Tausende auch dies Gebirge durchziehen, ein Jeglicher findet auf diesen Bergaltären seine gerade i h m zusagenden Weih- und Festgaben.

Jener lyrisch anmutenden Sentenz ließ der Autor einen längeren Abschnitt folgen, in dem er unter Berücksichtigung der Eigentümlichkeiten des Harzgebirges einen regelrechten Katalog potenzieller Gäste offerierte:

Für den L a n d s c h a f t s m a l e r öffnet sich hier eine unerschöpfliche Schatzkammer, ein Bilderreichthum, eine Mannigfaltigkeit in Gruppen und Tinten …
Bis in die tiefsten Tiefen ist der Schooss dieses Gebirges aufgeschlossen und seine merkwürdige Gestaltung durch Revolutionen liegt vor unsern Augen; … welche Fülle von Minern und Erzen, welche wunderbaren Gebilde der Kalkspathe, der prachtvollsten Rothgiltigerze und Zeolithe; – wo ist auf gleich kleinem Raume eine so grosse Schatzkammer für den G e o g n o s t e n und M i n e r a l o g e n als im Harze! – Wo findet sich eine schönere Flora Deutschlands in so schmaler kurzer Begrenzung, eine grössere Verschiedenheit in kleinster Entfernung als in dem scharf umzäunten Harzgarten, in welchem der B o t a n i k e r schon mehr als 1300 Phanerogamen für sein Herbarium einsammeln kann, mehr als 330 bis jetzt bekannte Moose, von denen Manche nirgends anderswo gefunden, – und Flechten, die nur in den Alpen der Schweiz oder in den scandinavischen Hochgebirgen heimisch sind.
Mit Beute reich beladen, kehrt der Freund der

Einheimische und Gäste

F a u n a heim, denn überall lebt es und singt es, überall kriecht es und springt es, überall fliegt es und schwimmt es; ...

Der T e c h n o l o g e, der B e r g - u n d H ü t t e n m a n n, der F o r s t k u n d i g e, der I n d u s t r i e l l e findet hohen Genuss, denn der Berg- und Hüttenbau wird meist überall mit musterhafter Kunst und wohlberechneter Ordnung, – die Forstverwaltung mit raffinirter Methode, – und die verschiedenen Fabrikanlagen zum Theil mit grossartiger Umsicht betrieben. ...

Der G e s c h i c h t s f r e u n d durchwandert mit freudiger Andacht die vielen Ruinen der Harzburgen, die Klostertrümmer und all die Plätze, wo Karl taufte, die Ottone weilten, die Heinriche ihr Volk glücklich machten oder tyrannisirten und wo der berühmte Welfe hauste. – Der V o l k s f r e u n d, der L e b e n s l u s t i g e ergötzt sich an dem derben naiven Volkswitze der hochaufgeschürzten Harzdirne, die schwerbeladen bergansteigt, – an der kräftigen Laune des rüstigen in das Blachfeld hinabwandernden Papageno's mit seinen kleinen Käfigen voll buntgefiederter Harzsänger, – an der kecken Munterkeit der originellen Puchjungen, – an dem schweren Ernste und dem sichern Vertrauen des zur Tiefe fahrenden Bergknappen mit

Partie aus dem Ilsetal, kolorierte Lithographie von L. E. Lütke nach W. Paetz, um 1835

Einheimische und Gäste

seinem freudigen Glück auf, – an der cyclopischen Kraft des Hüttenmannes, der von dem hohen Ofen mit leichtem Griffe die glühende Last des weichen Metalls zum gigantischen Hammer schwenkt. –

Die höchste Ausbeute aber findet der S c h w a c h e , der Gesundheit sucht, der V e r s t i m m t e , dem Aufheiterung nöthig ist und neue Kraft für den schweren mühseligen Lebensgang.

*Bei aller natürlichen Attraktivität des Gebirges – ohne den über viele Generationen von den Harzern aufgewandten Fleiß und deren Fähigkeit, selbst schwierigsten Bedingungen erfolgreich zu trotzen, wäre deren Heimat wohl kaum Ziel so vieler Besucher geworden. Der Zellerfelder **August Ey** hatte dies in aller Deutlichkeit erkannt und darüber hinaus zu würdigen gewusst. In der 1855er Auflage seines **Harzbuches** mit dem Untertitel **Der Geleitsmann durch den Harz** widmete er den Einheimischen unter der Überschrift „Der Mensch, als Bewohner des Harzes" ein ganzes Kapitel. Im einleitenden Abschnitt ließ er seine Leser wissen:*

Gleich dem Harze, der sich mit seinen alten Bergen und colossalen Felsmassen schroff aus der Ebene erhebt, den weder Feuer noch Wasser zu zerstören vermochten, der noch so dasteht wie vor Tausenden von Jahren; aber auch gleich den blumigen und schönen Thalgründen, den lachenden und freundlichen Wiesenflächen, die durch den Fleiß der Menschenhand so üppig und lieblich wurden: gleich diesen allen ist der Charakter der Harzer. In Hinsicht seiner uranfänglich, eigenthümlich guten Eigenschaften blieb er unter allen Umständen starr und unveränderlich derselbe. In Bezug auf seine anfänglich nachtheiligen Eigenschaften hat er sich den Hobel der Cultur und der Civilisation gefallen lassen, ist vervollkommnet, gebildeter worden. Mochten auch mancherlei hemmende und zersetzende Gewalten durch fremde und einheimische Herrscher ... auf die Gesammtverhältnisse des Harzes und seine Bewohner nachtheilig einwirken; ... mochten auch die nach dem Harze hin versetzten Lehrer, Prediger und oft mit großer Gewalt versehene Beamtete das Eigenthümliche des Charakters der Harzer zu beeinträchtigen, oder gar zu vernichten und dagegen ihm Neues und Fremdartiges anzuheften suchen; mochten selbst Heiraths-Verbindungen der Harzer mit ihren Nachbarn eingegangen werden: Nichts konnte den von den ehrenfesten Altvordern auf dies Geschlecht vererbten Charakter, das höchst Eigenthümliche, Innere, den Felsenstamm desselben ändern oder gar vertilgen. Dahin gehören im Allgemeinen: Liebe zur Heimath; sie erweckt in ihm, ist er fern von seinen Bergen, das heftigste Heimweh. Ehrlichkeit durch Ehrliebe und einen gewissen Stolz hervorgerufen, Gutmüthigkeit und Zutraulichkeit, Neugierde- (Wißbegierde), Geschwätzigkeit; Festhalten am Alten und daher oft scheinbare Spuren von Aberglauben und Gespensterfurcht im Volke. Ins besondere aber bemerkt man: Ernst und ruhig, wie die grauen Harzberge in die Ebene hineinschauen, ernst und geheimnißvoll, wie uns die Öffnungen der tiefen Gruben anblicken, so ernst und besonnen ist auch

Einheimische und Gäste

der Harzer in seinem ganzen Habitus, wo der Ernst des Lebens solches Wesen fordert; daher ist ihm seine Religion, seine Sprache ein unantastbares Heiligthum, darum hält er fest an seinen Sitten, an seinen Festen, an seinen Wohnungen, an seinen Arbeiten. Wie aber das Aeußere auf das Innere wirkt, so wurde der Harzer durch die Cultur, durch Wissenschaft und Kunst milder und gebildeter, ohne deßhalb von seiner Festigkeit im Charakter einzubüßen. Von Natur ausgestattet mit klarem Verstand, vorzüglich an Scharf- und Kunstsinn, faßt er auch selbst das Schwerste und Abstracteste leicht auf, dringt er unaufhaltsam tief in die Sache, auch in Wissenschaft und Kunst ein, erwirbt er sich Gewandtheit in der Rede, Geschicklichkeit und Fertigkeit in seinem Thun, eine Routine in Allem, was er beginnt. Beglückt mit einem sinnigen, tief und fein fühlenden Gemüth, leicht begeistert und entflammt für alles Schöne, Hohe und Heilige, muß ihm die Falschheit, Hinterlist, alles Schlechte und Gesetzwidrige aufs Höchste entrüsten, in äußerste Aufregung ja in furchtbarsten Zorn versetzen. Frisch und geschwind, ohne die Folgen zu bedenken, eilt er der Gefahr entgegen; muthig und tapfer, hält er desto lieber dabei aus, je größer die Noth wird; kräftig und ausdauernd besiegt er sie entweder, oder geht dabei unter. ... Begierig ergreift der Harzer jede Gelegenheit, die ihm eine angenehme Stunde, ein unschuldiges Vergnügen bereitet, da ist er fröhlich mit den Fröhlichen, da kann er sogar ausgelassen heiter sein; da erschallen seine melodischen

Wernigeröder Trachten, 1910

Einheimische und Gäste

Lieder, da spricht er ungekünstelt und anspruchslos seine oft poetischen Gedanken aus, da ist Musik und Tanz sogleich im Gang und sollte es auch nur nach einem gepfiffenen, oder auf der Zitter gespielten Walzer gehen. – Die Liebe zu Musik und Gesang ist ein Hauptzug im Charakter des Harzers, namentlich ist es die Zitter, an deren Klängen er sich erfreut; selbst im ärmsten Hüttchen, und dort sogar am meisten, ist sie heimisch. – So war's bei den Alten, so ist's bei den Jungen. Wie das männliche, so das weibliche Geschlecht. Trotz der materiellen Armseligkeit, die überhaupt bei den Harzbewohnern weilt, während in und auf dem Harze der größte Reichthum aufgespeichert liegt, ist dennoch Fröhlichkeit und Heiterkeit eine ihm verliehene Gabe Gottes. Schöner, harmonischer Gesang ist im einsamsten Winkel des Gebirges zu Haus. ... Findet man unter den jüngern Männern des Harzes viele, die ihrer Gesichts- und allgemeinen Körperbildung wegen zum Malen schön genannt werden können, so sieht man auch häufig in den ärmlichen, wie in den geschmückten Zimmern harzischer Bewohner manches hübsche anspruchslose Veilchen, manche üppige und reizende Rose weiblicher Schönheit, die durch Zurückgezogenheit und Bescheidenheit, durch Anmuth und Biederkeit, durch Aufrichtigkeit und Treue, durch Gewandheit und Offenheit, Schamhaftigkeit und Sittigkeit, durch Scharfsinn und Witz, durch Feinheit in Wort und Blick, durch Lust und Heiterkeit dem männlichen Geschlecht nichts nachgibt. Kurz, der Harzer gleicht seinem Harze ganz und gar:
Äußerlich arm und gedrückt,
Innerlich reich und geschmückt.

*August Ey fabulierte hier ein wahres Denkmal von seinen Landsleuten im Allgemeinen. Wie man sich nun aber zur gleichen Zeit einen rechten Harzer im Besonderen vorzustellen hat, offerieren die bereits angekündigten Erinnerungen des **Kanzleirats Steinbrecher**. Der hatte in den Diensten des Hauses Stolberg-Wernigerode gestanden und in der zweiten Hälfte des 19. Jahrhunderts den Hausdiener Voigt kennen und in gewisser Weise schätzen gelernt:*

Derselbe war als Dauerläufer bekannt und hat öfter den Weg nach Gedern, Stolberg, Braunschweig pp. in erstaunlich kurzer Zeit zu Fuß zurückgelegt. Er war ein drolliger Kerl und wurden von ihm manche Streiche erzählt, von denen ein paar hier folgen mögen.
Eines Tages wurde Voigt von der Gräfin Eberhardine mit einer Sendung nach Stolberg geschickt und erhielt die Weisung, auf dem Rückwege Zwetschen (Pflaumen) mitzubringen, welche die reg. Gräfin von Stolberg zu schicken versprochen hatte, da in dem Jahre keine in Wernigerode gewachsen waren. Als nun Voigt zurück kam und den in Stolberg erhaltenen Brief mitsamt den Zwetschen ablieferte, sagte die Gräfin zu ihm: Voigt, in dem Briefe steht von einem Korb Zwetschen, er hat ja aber nur einen halben mitgebracht, worauf Voigt erwiderte: Ja, det mott eck seggen, de korf wart immer schwerer und schwerer und de hebbe eck ef und tau mal einer egreppen, se hett seck aber ok grülich esa-

175

Einheimische und Gäste

cket. (Ja, das muß ich sagen, der Korb ward immer schwerer und schwerer und da habe ich ab und zu einmal rein gegriffen, sie haben sich auch furchtbar zusammengepreßt).

Ein anderes Mal wollte der Baumeister Messow einen Brief nach Braunschweig befördert haben und ließ sich als Ueberbringer den Voigt kommen, gab ihm den Brief mit dem Bemerken, morgen solle er nähere Instruktionen erhalten. Als Tags darauf Voigt bis Abend nicht erschien, wurde zu ihm geschickt und er vorgeladen. Auf die Frage des Baumeisters, weshalb er seinen Befehl nicht Folge geleistet, zog Voigt einen Brief aus der Tasche, übergab diesen mit den Worten: „Hier steit de antwort drinne."

Auf die weitere Frage, wie er sich zurecht gefunden und den Adressaten ausfindig gemacht habe (es fehlte nämlich die Straßenangabe pp), erwiderte er: Na, det steit doch allens vorn op den breiwe (Na, das steht doch alles vorn auf dem Briefe). Verblüfft sah der Baumeister den Boten an und ließ ihn mit 1 Thaler beschenkt gehen.

„Wie die Männer des Landes, so haben auch die emsigen Harzfrauen einen nicht geringen Antheil an dem Aufbau des Lebens im Gebirge", so schrieb **Johann Georg Kohl** *in dem von ihm 1866 in Hannover veröffentlichten Buch* **Deutsche Volksbilder und Naturansichten aus dem Harze.** *Der aus Bremen stammende Autor blieb jedoch nicht – wie seinerzeit noch üblich – dabei, die Mütter und Töchter des Landstrichs mehr oder weniger am Rande zu be- bzw. zu verhandeln, sondern widmete ihnen unter dem Titel „Die Arbeiten und Wanderungen der Frauen im Gebirge" ein eigenes, knapp fünfundzwanzig Druckseiten umfassendes Kapitel:*

Vor allen Dingen sind die Harzfrauen von ältesten Zeiten her, wenn ich mich so ausdrücken darf, die Marketenderinnen oder Proviantmeisterinnen ihrer Männer, der Wald- und Bergleute, gewesen. Diese siedelten sich vor langen Jahrhunderten in ihren hochgelegenen Bergwerkstätten gleichsam wie Soldaten in ihren Lägern, oder wie amerikanische Hinterwäldler in ihren Blockhausdörfern an. Ihre kalten Hochebenen und Thäler boten ihnen nichts als Holz, Silber, Blei und Kupfer, und sie sandten alsbald ihre Frauen ins Land hinab, um dort Brod und Speise zu schaffen. So organisirte sich von frühen Zeiten her die eigenthümliche Industrie der sogenannten „Harzgängerinnen" und ihrer Wanderungen mit schweren Ladungen von Korn, Früchten, Eiern und Lebensmitteln aller Art, und da die Verhältnisse des Acker- und Gartenbaues noch selbst jetzt nicht viel anders geworden sind, als sie zur Zeit der alten deutschen Kaiser waren, so geht diese eigenthümliche und uralte Verproviantirung des Gebirges durch die Frauen noch heutiges Tages lebhaft fort. ...

Die vielfachen Gegensätze von Gebirge und Ebene veranlassen einen sehr mannigfaltigen Austausch zwischen dem Harze und seiner Nachbarschaft, und die Hauptträgerinnen dieser ganzen Betriebsamkeit sind die Frauen, die ebenso wie sie den Proviant des Ackerlandes hinein-, auch viele Gebirgsproducte hinausführen. Da sich einige von ihnen besonderen Zweigen dieses Geschäfts vorzugsweise hingeben, so haben die Harzer auch bestimmte Namen für sie. Die, welche das Obst der Ebene im Gebirge verschleppen, nennen sie z. B. die „Eppelfrahns" (die Aepfelfrauen), die, welche das Gemüse verhandeln, heißen „Hecker" (wahrscheinlich Höckerin). Auch das Botenlaufen im Gebirge ist fast ganz in den Händen dieser Frauen, und auch, wo der Reisende oder sonst jemand etwas von Ort zu Ort zu transportiren hat, da stellt sich eine geduldige Frau, oder ein Mädchen ein, die es „aufhuckt". ... Im Walde dagegen haben die Frauen manche kleine und einige nicht unwichtige Geschäfte auf sich genommen. Vor allen Dingen ist das Säen und Pflanzen der Tannenbäume in den „Kämpen" und jugendlichen Wäldern ein Geschäft der Frauen und Mädchen. Es werden dazu die weiblichen Bewohnerschaften ganzer Walddörfer aufgerufen. Schaarenweise ziehen sie hinaus, kampiren im Walde und stellen die zarten Pflänzchen in Reihe und Glied an den weitgestreckten kahlen Abhänge der „Haie" auf. ...

Mühseliger, minder poetisch, aber doch auch zu manchen Auftritten, die einen Maler oder einen Menschenbeobachter interessiren können, Veranlassung gebend, sind einige andere Waldgeschäfte der Frauen und ihrer Töchter. Unter anderm das Sammeln des sogenannten Leseholzes, oder der

Am Paternoster, aquarellierte Zeichnung von Robert Riefenstahl, 1870

vom Winde abgeschlagenen und von der Sonne vertrockneten Aeste und Zweiglein, welche die reichen Waldherrn, wie in allen Ländern, so auch im Harze den Armen überlassen. ...

Im Ganzen kann man sagen, überlässt man den Frauen und Kindern den ganzen Waldkehricht.

Einheimische und Gäste

Diesen Worten folgen weitere und zuweilen recht detailreiche Schilderungen von der Arbeit auf den Harzer Wiesen, vom Sammeln und Vermarkten der verschiedenen Kräuter und Waldfrüchte. „Ihre Thätigkeit in Küche und Keller wollte ich", so der Autor kurz vor Ende des Kapitels, „übergehen".
In gleicher Ausführlichkeit berichtete Kohl vom Leben und Arbeiten der Bergleute und Waldarbeiter, der Köhler und Hirten sowie der Vogelfänger und Fischer. Hilfe und Unterstützung bei seinen Recherchen gab ihm nach eigener Aussage unter anderem **Gustav Adolf Leibrock**. *Im 1870 erschienenen* **Brückner's Wanderbuch für Harzreisende** *hatte der Experte über die Wesensart samt Lebensweise seiner etwa 100 000 Landsleute geschrieben:*

Sie sind stark, arbeitsam, genügsam, sie sind zuverlässig und treu. Das sind die Grundzüge ihres Charakters. Der Harz ernährt sie alle; er ist es, der ihnen wie ein treuer Vater seinen Kindern auf hundertfach verschiedene Weise die Mittel ihrer Existenz liefert, so daß Armuth, Bettelarmuth und Proletariat im Harze fast nirgends zu finden ist. Viele Tausende ernährt der Bergbau und der Hüttenbetrieb, andere Tausende der Wald durch Holzfällen, Kohlen und Culturen, andere der Wiesenwachs und die Weide, die eine ausgedehnte Viehzucht gestattet. Der Straßenbau und die Steinbrüche, die Abfuhr des Holzes, der Kohlen und der Erze beschäftigen wiederum Tausende. Und wieder andere treiben Gewerbe, zu den ihnen gleichfalls der Wald und die Berge das Material liefern, z. B. die zahlreichen Eimermacher, Böttcher und sonstigen Holzarbeiter, die Nagelschmiede u. s. w. Der durchschnittliche Verdienst des Harzers, er sei Berg- oder Hüttenmann, Wege- oder Waldarbeiter, Nagelschmidt oder Eimermacher, beläuft sich täglich auf 10 bis 15 Silbergroschen. Damit lebt er sehr zufrieden, denn es reicht vollkommen aus für seine und seiner Familie Bedürfnisse; freilich verdient nicht der Mann allein, sondern die ganze Familie. Die Frau und die älteren Kinder tragen zunächst aus dem Walde die Böden voll Futter für die Kuh, denn die Kuh ist das Element einer Harzer Haushaltung; sie allein ernährt fast die genügsame Familie. Während dem werden auch die jüngern Kinder schon an den Erwerb gewöhnt; halb thätig, halb spielend durchstreifen sie den Wald, im Mai Waldmeister und Maiblumen oder heilsame Kräuter sammelnd, im Juni Ameisen und Ameiseneier, im Juli Heidelbeeren und Erdbeeren, im August Himbeeren und Kronsbeeren und im September Körbe voll Ha-

Einheimische und Gäste

selnüsse; noch später, besonders in günstigen Jahren, Buchnüsse, aus denen ein ungemein liebliches Speiseöl bereitet wird, oder Eicheln zur Mästung eines Schweines, oder die Samen der Waldbäume, besonders der Fichten, die einen bedeutenden Handelsartikel ausmachen. So verdient ein jedes Mitglied der Familie, und darin liegt die Lösung des Räthsels, wie der Harzer bei seinem unbedeutenden Tagelohne, wenn nicht Unglücksfälle ihn treffen, nie Mangel leidet, sondern sein ruhiges, sorgenloses Auskommen findet.

Der Harzer, obwohl Ernst einer der Grundzüge seines Charakters ist, liebt dennoch Geselligkeit und ein heiteres Zusammensein mit Nachbarn und Freunden; es ist Abends gar traulich in seinem Stübchen; da schnurren die Spindeln, da wölkt sich der Rauch der unentbehrlichen Tabackspfeife empor von der Bank neben dem glühend heißen Ofen, wo die Alten mit den Nachbarn schweigend sitzen und mit still vergnügtem Antlitz auf das Treiben der Jungen schauen; die schäkern und scherzen und lachen so harmlos und fröhlich, als hätten sie nicht ein ermüdendes Tagewerk hinter sich und vor sich wiederum einen Tag voll Arbeit und Mühe ...

Leibrocks Gedankengang mit den Aussagen früherer Autoren zum gleichen Thema in Beziehung gesetzt, bringt bald die Erkenntnis, dass sich trotz der großen Neuerungen und Fortschritte des 19. Jahrhunderts im Alltags- und Arbeitsleben auf dem Harze vergleichsweise wenig geändert hatte.

Und wie verhielt es sich mit der Sinnesart und dem Wesen der Gebirgsbewohner? Blieben auch diese unberührt von den Auswirkungen der sogenannten Modernisierung, all der Hektik und Betriebsamkeit rund um Industrialisierung und Urbanisierung samt dem neuen nationalen Pathos der Kaiserzeit? Eine interessante Antwort auf diese Frage gab **Friedrich Günther** *1901 in seiner Monographie* **Der Harz**, *einer Veröffentlichung, die schon dank der Qualität ihrer Aussagen über die Stadt Wernigerode an anderer Stelle überzeugen konnte:*

Inbetreff des Charakters und der Begabung läßt sich zwischen den Bewohnern der einzelnen Gaue kaum eine Grenzlinie ziehen, wohl aber zwischen dem Niedersachsen, dem der meist starkknochige, etwas lebhaftere und redegewandtere thüringische Harzer nahesteht, und dem Obersachsen des westlichen hohen Harzes. Im Norden und Osten meistens gedrungen und kräftig, im Lisgau lang und hager, aber sehnig, ist jener bedächtig, aber nachhaltig, nicht beredsam, doch nicht sprechfaul, etwas zugeknöpft gegen Fremde, aber treu in Zuneigung und Freundschaft, rechthaberisch, doch versöhnlich, starrköpfig, wo seine Rechte in Frage kommen, aber ein Feind arglistiger Schädigung, fleißig, genügsam und sparsam, doch fast verschwenderisch, wo es die Ehre des Hofes und der Familie gilt, karg im Geben, doch bereit zu jeder Hilfe, die kein bares Geld kostet; ohne sprudelnden Witz und lebhafte Phantasie, aber klaren Verstandes und gesunden Urteils; konservativ, doch nicht unzugänglich für Neuerungen, kirchlich und gottesfürchtig, doch nicht frei vom Vertrauen auf Kartenschlagen und

Einheimische und Gäste

Besprechen. Der Oberharzer erscheint neben dem Nordthüringer und Niedersachsen fast schmächtig und schwächlich, übertrifft beide aber an Gewandtheit und Ausdauer. Er ist gastfrei und gesellig, mäßig und nüchtern, sucht seine Freude in der Familie, in Wald und Halde, in Vereinigungen zu Gesang und Musik; entschlossen und überlegend, ausgerüstet mit bewundernswerter Geistesgegenwart, ist er ein anstelliger, vorzüglicher Arbeiter. An Mutterwitz und Schlagfertigkeit übertrifft er den Niedersachsen weit, doch keineswegs an Schärfe des Verstandes und Tiefe des Gemüts.

Hotel „Weißer Hirsch" am Marktplatz von Wernigerode, um 1870

Einheimische und Gäste

Wie es seinerzeit um die Bewohner der „bunten Stadt" bestellt gewesen war, wusste **Herrmann Löns***, der Schöpfer des berühmten wernigerödischen Beinamens. Er hatte 1907 mehrere Wochen vor Ort verbracht und daselbst Sehenswürdigkeiten und Eigentümlichkeiten gründlich studiert, bevor er den beinahe legendären und bis in unsere Zeit wieder und wieder veröffentlichten Text* **„Die bunte Stadt am Harz"** *aufsetzte:*

Sie ist eine echte Harzstadt und voll von internationalem Leben; sie ist eine Acker- und Kleinbürgerstadt, aber mit reichem Gewerbe, kräftigem Handwerk und blühendem Handel; kein Stand, kein Beruf drückt den andern in den Hintergrund, und die große Fremdenkolonie, in der es von alten Namen und Titeln nur so wimmelt, ist durch unzählige Übergänge mit dem alten Bürgertum und der Arbeiterschaft zu einer rißlosen Lebensgemeinschaft verschmolzen. Dürftigkeit ist keine Schande und der Luxus gilt als Verdienst.

Das klingt eher utopisch, doch Löns wusste noch mehr von den Menschen hier am Ort zu sagen:

Sie haben eine bekömmliche Philosophie, die Leute hier, und die ist: nicht zu philosophieren. Es ist zuviel Schönes und Liebes und Lustiges zu sehn, daß sie gar nicht daran denken, zu denken; denn wer denkt, der lebt nur halb. Hier aber lebt man ganz.

Fragt sich, wen der Autor mit den „Leute[n] hier" eigentlich meinte; doch nicht etwa die Wernigeröder?! Eine eindeutige Aussage traf der Heidedichter nicht, dafür offerierte er im letzten Teil des Aufsatzes seinen männlichen Lesern Tipps im Umgang mit der ansässigen holden Weiblichkeit:

Aber sieh dich hier vor, Verehrtester, hier wohnen scheußlich viel hübsche Mädchen, und leicht holst Du Dir einen hoffnungslosen Knacks unter der Weste, denn sie sind alle schon versagt, längst versagt. In einer so hübschen Stadt mit so vielen Blumen und Vogelgesang warten die Mädchen nicht lange auf den einen. Dieses Völkchen hier geht schnell und arbeitet schnell, und es lacht und liebt auch schnell, und küssen tut es schrecklich gern. Heute abend, wenn es schummert, geh einmal über die Straße: überall steht eine mit einem, vor jeder Haustür. Doch bist Du ein ernster Mann mit einer Glatze und mangelhaften Aussichten in Punkto Liebe; also mache lieber ernsthafte Studien.

So also sprach Hermann Löns in seinen wohlgesetzten Worten über die Wernigeröder und ihre Gäste.

Einheimische und Gäste

Besitzen jene Formulierungen – allen voran natürlich der Titel – unstrittig Langzeitwirkung, gerieten die Äußerungen zahlloser anderer Besucher über die Jahrzehnte immer mehr in Vergessenheit. Diesem Prozess entgegenzuwirken brachten die Mitarbeiter der Städtischen Kurverwaltung Wernigerode-Hasserode um 1910 unter dem Titel **Ärzte, Dichter, Kurgäste, Schriftsteller, Seminare, Vereine, Wanderer schrieben über Wernigerode-Hasserode (Harz)** *ein kleines Heftchen mit Briefen höchst zufriedener Gäste auf den Markt. Wer hier meint, gezielter Werbung auf der Spur zu sein, liegt mit seiner Überlegung sicher richtig. Uninteressant ist die Lektüre der amtlichen Postmappe dennoch nicht:*

Wernigerode.
Wernigerode ist das Naturkind, das durch seine urwüchsige Frische, seine helle Munterkeit, seine leuchtenden Augen und die das von Lebenslust erhitzte Gesicht umfliegenden Löckchen wirkt. – Dieses Kind der Natur gibt sich, wie es ist, achtet nicht auf die kritisch auf ihn ruhenden Lorgnetten und Monokel der Dreimalweisen, hüpft und springt mit dem leuchtenden Sonnenschein um die Wette durch die Wälder und über die Wiesen und jauchzt in überquellender Lebenslust, wenn es, die Röckchen geschürzt, mit den zierlichen bloßen Füßchen durch das feuchte Moos und die rauschenden Bäche spaziert. **Das ist Wernigerode.** – Ich kenne Menschen, die nach Monaten der Arbeit, nach Monaten des Lebens in gesellschaftlichen Fesseln, des Lebens auf blankem Parkett unter dem weißen Licht der elektrischen Bogenlampen, auch ein kurzes Leben ihres eigenen Ichs genießen wollen, die sich sehnen nach der Ruhe und der Erhabenheit der allmächtigen Natur, die den Smoking und den Frack mit dem leichten Sommerrock oder dem Touristenkostüm vertauschten, aber auch nicht ständig von befrackten Bediensteten umsprungen sein wollen, die wirkliche Erholung des Körpers und des Gemüts suchen in hohen Wäldern und tiefen Tälern. **Die gehen nach Wernigerode.** So freundlich und einladend liegt es da eingebettet in den fruchtbaren Tälern, überragt von dem stolzen Fürstensitz der Grafen zu Stolberg-Wernigerode und umrahmt von all den bekannten Höhen des Harzes, als deren oberste der Brockengipfel herüberwinkt.
Ewald Beckmann, Frankfurt a. M.

Wernigerode hat Stil und Stimmung. Es liegt in der Mitte der vielgerühmten goldenen Mittelstraße; diesen Vorzug kann ihm keine andere Sommerfrische streitig machen. Diese behäbige Mittelstellung macht sich sofort fühlbar und wirkt anregend und beruhigend zugleich auf die überreizten und erschlafften Nerven der Großstädter.
Guy.

Einheimische und Gäste

Hotel „Lindenberg"
Postkarte, um 1910

Wernigerode.
„Eine ganze Leibgarde von Bergen und Köpfen" mit hell- und dunkelgrünen Mützen drängt sich spalierbildend um den Ort und schützt ihn so gut, daß hier sogar echte Kastanien wie im Süden gedeihen. Fast wie ein Miniatur-Tirol wirken diese vielen kleine Gipfel, und wie ein kleines norddeutsches Salzburg liegt die Stadt darin eingebettet; an die schönsten Alpenwiesen fühlt man sich auf einer Wanderung durch das Zwölfmorgental gemahnt. Ein stundenweiter Tiergarten, der prächtigsten einer in Deutschland, zieht sich vom Schlosse her nach Westen hin, und überall öffnen sich Blicke weit in das Land oder in die Täler des Harzes.

Dr. Ettlinger.

Unsere Mitglieder sind von diesem Ausflug ganz entzückt und hochbefriedigt und werden die freundliche „bunte" Stadt Wernigerode in angenehmster Erinnerung behalten.

Landwirtschaftl. Verein, Burg.

Es ist schon schade, dass die Vereinsmitglieder ihre Erlebnisse nicht genauer aufgezeichnet haben, denn an solch zufriedenen Gästen würden sich die Tourismusmanager heutiger Tage mit Bestimmtheit ebenfalls erfreuen.

Einheimische und Gäste

Manch Reflexion eines Harz- bzw. Wernigerode-Besuchers wäre es mit Bestimmtheit noch wert, in diesem historischen Reisebuch aufgenommen zu werden. Doch ehe sich die Bilder zu sehr gleichen, sei zum Abschluss ein Werk des 19. Jahrhunderts zitiert, das damals deutlich aus der Art des allgemein Üblichen schlug:

M ü l l e r . … Wo wollen wir den hin?
S c h u l t z e . Nach'n H a r z ! ruff nach'n B r o c k e n
                Laß uns machen auf de Socken,
                Wo das Auge sieht so weit!
                Wo die Wolken blau stets lachen,
                W o d e r M e n s c h k a n n A l l e n s
                m a c h e n –
                I n d e r W a l d e s e i n s a m k e i t !
M ü l l e r . Nach'm Harz? I da soll ja aber jar nischt mehr los sind. Da sollen de Berliner ja schonst alle Berje abjetreten und de Felsen in de Steinsammlungen mitgenommen haben … – d a k ö n n e n w i r k e e n e A b e n t h e u e r e r l e b e n .

Schultze und Müller begaben sich trotz der Zweifel auf den Weg ins Mittelgebirge. Das heißt, der 1820 geborene Schriftsteller **David Kalisch***, der 1848 gemeinsam mit dem Verleger Albert Hofmann die überaus erfolgreiche satirische Wochenzeitschrift Kladderadatsch gegründet hatte, schickte sie quasi in Gedanken auf den Weg dahin und brachte die Geschichte unter dem Titel* **Schultze und Müller im Harz. Humoristische Reisebilder** *zu Papier. Zum ersten Mal geschah dies im Jahre 1853. Ins Bild gesetzt wurde die Unternehmung des schlagfertigen Berliner Spießbürgerpaares, das den Lesern der genannten Zeitschrift nur zu gut bekannt war, vom Zeichner* **Wilhelm Scholz***, der später unter anderem ob seiner Bismarck-Karikaturen sehr populär werden sollte.*
Die Geschichte darüber, was Schultze und Müller unterwegs erlebten, als sie bar ihrer Ehefrauen auf der Suche nach besagten Abenteuern den Harz durchstreiften, kam beim Publikum gut an und wurde 1892 zum siebten Mal verlegt. Via Halberstadt, Quedlinburg und Ballenstedt erschlossen sich die beiden Berliner Protagonisten zum Beispiel das Selketal, den Hexentanzplatz, die Rübeländer Höhlen und machten dabei so manch interessante Bekanntschaft. Dass sie unterwegs per Post ihren in der Hauptstadt weilenden treuen Gattinnen beständig Bericht erstatteten, verstand sich von selbst. 27 Kapitel umfasst die Geschichte. Die beiden letzten spielen auf dem Brocken.

Einheimische und Gäste

Nur mit Mühe hatten Schultze und Müller bei heftigstem Regen das schützende Haus auf dem Gipfel erreicht:

Da sinken ermattet sie nieder, Und strecken die nassen Glieder
Am warmen Ofen behaglich aus, – Und erwarten freudig den Abendschmaus –
Und e r w ä r m e n am Feuer die R ö c k e – Und sich selbst durch einige G r ö c k e ! ...

W i r t h.	Wenn den Herren gefällig ist – das Essen ist fertig –
M ü l l e r.	Schön! Sehr schön!
	Sagen Sie 'mal, Herr Wirth, sind wir denn heut die Einzigen hier oben?
D e r W i r t h.	Zwei Damen sind noch hier, die sich aber bereits zu Bett begeben haben.
S c h u l t z e.	– Junge?
D e r W i r t h.	Nicht zu jung, aber auch nicht zu alt. Ein paar sehr stattliche, anständige Frauen.
M ü l l e r.	– Verheirathet?
D e r W i r t h.	Das kann ich nicht wissen. Sie haben sich hierüber – sowie überhaupt nicht ausgesprochen. Sie fragten nur, ob vielleicht dieser Tage ein Herr S c h u l t z e und ein Herr M ü l l e r schon hier gewesen wären?
S c h u l t z e.	Die T e c k e l b e r g !
M ü l l e r.	Die P o p p e n d o r f. – Wie sehn sie denn aus?
D e r W i r t h.	Die Eine ist groß und stark, die Andere klein und brünett.
S c h u l t z e.	Es ist keine Frage, – das sind sie!

Der ahnungslose Brockenwirt konnte nicht wissen, dass Schultze und Müller den benannten Damen auf der Reise schon recht nahe, aber einfach nicht nahe genug gekommen waren.

M ü l l e r.	Et wird herrlich – det wird – (fällt Schultzen um den Hals)
	– Schultze – unsere kühnsten Träume werden Wirklichkeit. Schultze! Aus den Wolken muß es fallen, A u s d e n W o l k e n k o m m t d a s J l ü c k !
S c h u l t z e.	Ick bitte Dir – Müller! Mäßige Dir! Wo sind die Damen, Herr Wirth?
W i r t h.	Sie haben das Zimmer Ihnen vis-à-vis, Nr. 8.
M ü l l e r.	Da wollen wir gleich –
S c h u l t z e.	Stille! (leise zu Müller) Halt'n Mund, Dämlack. Wat sollen die Leute hier denken. Ick habe einen Plan! Wir essen hier erst janz ruhig un trinken 'n paar Pulleken – und dann, – wenn Allens im Hause schläft –

Einheimische und Gäste

Müller. Im Finstern! – Ick verstehe. Janz mir aus der Seele jesprochen. Aber Du mußt mir schwören, daß Du nie Deiner Frau –
Schultze. Und Du nie Deiner –
Müller. Keine Silbe – Arm in Arm mit Dir uf's Blutjerüste.
Schultze. Der Brocken soll leben! **Walpurgisnacht** hoch!
Müller. **Blocksberg** hoch! Hurrah!
(Sie setzen sich zum Souper und leeren bis Mitternacht diverse Flaschen.)

27.
Das Brockengespenst.
Novelle.

1.
Es war Nacht. Tiefe, finstere, schwarze Nacht.
Da schritten leise und heimlich in dem Gange, der die Fremdenzimmer des Brockenhauses trennt, zwei weiße männliche Gestalten.
Jetzt standen sie an der Thüre des Zimmers Nr. 8.
Leise rührten sie die Klinke. Jetzt waren sie eingetreten.
Wer ist da? fragten zwei weibliche Wesen, sich langsam empor richtend.
Ich bin es! antworteten die Männlichen.
Nur näher! sagten die Weiblichen.
O Seligkeit! flüsterten die Männlichen.
Du bist es! ächzten die Weiblichen.
Ja, meine geliebte **Ludowike**! Meine einzige **Julie**! lispelten die Männlichen.
Da knallten zwei fürchterliche Schüsse durch's Zimmer.
2.
Wer die männlichen Gestalten waren, die wir im ersten Capitel kennen gelernt, wird der scharfsinnige Leser bereits errathen haben.
Die beiden Schüsse aber waren **zwei Ohrfeigen** und ihre **Geberinnen** – Madame Schultze und Madame Müller.
Ungeduld über das lange Ausbleiben ihrer Männer hatte sie nachreisen, die Gatten auf dem Brocken finden und die gerechte Strafe **für die begangene Treulosigkeit** ausüben lassen.

Dies ist noch nicht das Ende der Geschichte, doch schon das Ende dieses Buches.

Literatur und Quellen

Literatur

- Abenteuer, Natur, Spekulation. Goethe und der Harz, hg. v. Juranek, Christian, Halle an der Saale 1999.
- Allgemeines Historisches Lexicon, Erster und Ander Theil, 1. Aufl., Leipzig 1709, 3. Aufl., Leipzig 1730-32.
- Ärzte, Dichter, Kurgäste, Schriftsteller, Seminare, Vereine, Wanderer schrieben über Wernigerode-Hasserode (Harz), Aus der Briefmappe des Verkehrsamtes der Städt. Kur-Verwaltung Wernigerode-Hasserode (Harz), Wernigerode o. J. (um 1910).
- Berlepsch, H. A., Harz, 4. Aufl., Hildburghausen 1870.
- Brederlow, Carl Gottlieb Friedrich, Der Harz. Zur Belehrung und Unterhaltung für Harzreisende, Braunschweig 1846.
- Brückmann, Franz Ernst, Sechsundachtzigster Reisebrief über seine zweite Reise auf den Brocken, übersetzt und kommentiert von Rädle, Fidel, Wolfenbüttel 1995.
- Büsching, Johann Gustav, Reise durch einige Münster und Kirchen des nördlichen Deutschlands im Spätjahr 1817, Leipzig 1819.
- Der Brocken. Abhandlungen über Geschichte und Natur des Berges. Mit 16 Nachbildungen alter Brockenbilder und Buchschmuck von Professor A. Rettelbusch – Magdeburg, zusammengestellt von Amtsgerichtsrat W. Grosse – Wernigerode, hg v. Schade, Rudolph – Brocken/Braunschweig 1926.
- Der Harz und die Städte Bernburg, Braunschweig, Hildesheim. Offizieller Führer des Harzer Verkehrs-Verbandes. Mit einem Geleitwort von Hans Hoffmann, Bad Harzburg 1907.
- Der Harz, seine Ruinen und Sagen. Zwei Reisen in den Jahren 1800 und 1850. Erinnerungsblätter von Christian Wilhelm Spieker, 2. Aufl., Berlin 1857.
- Ey, August, Harzbuch oder Der Geleitsmann durch den Harz, 2. Aufl., Goslar 1855.
- Freytag, Ferdinand, Führer in die Grafschaft Wernigerode, von der Stadt Wernigerode aus, Wernigerode 1855.
- Glassbrenner, Adolph, Meine Reise nach dem Harze, in: Aus den Papieren eines Hingerichteten, Leipzig 1834.
- Gottschalck, Friedrich, Taschenbuch für Reisende in den Harz, 1. Aufl., Magdeburg 1806; 2. Aufl. Magdeburg 1817.
- Grieben, Theobald, Illustrirtes Handbuch für Reisende in den Harz, 6. Aufl., Berlin 1859.
- Gröning, Wilhelm, Taschenbuch für Harzreisende, Bernburg 1850.
- Grosses vollständiges Universal-Lexicon Aller Wissenschafften und Künste, Halle / Leipzig 1732 – 1754.
- Günther, Friedrich, Der Harz, Bielefeld/Leipzig 1901.
- Harz-Album. Ein Führer und Erinnerungsbuch für Harz-Reisende, Braunschweig o. J. (um 1845).
- Historisch-geographisch-statistisch-topographisches Handbuch vom Regierungsbezirk Magdeburg, hg. v. Hermes u. Weigelt, Magdeburg 1842.
- Hoffmann, Hans, Der Harz., Leipzig 1899.
- Horstig, Carl Gottlieb, Tageblätter unserer Reise in und um den Harz, Leipzig 1805.
- Kohl, Johann Georg, Deutsche Volksbilder und Naturansichten aus dem Harze, Hannover 1866.
- Jacobs, Eduard, Der Brocken, in: Die Provinz Sachsen in Wort und Bild, hg. v. Pestalozziverein der Provinz Sachsen, Berlin 1900.
- Leibrock, Gustav Adolf, Wanderbuch für Harzreisende, 2. Aufl., Goslar 1870.
- Löns, Herrmann, Wernigerode. Die bunte Stadt am Harz, Wernigerode o. J.
- Meyers Konversationslexikon. Eine Encyklopädie des allgemeinen Wissens, 3. Aufl., Leipzig 1874-1878.
- Müller, Heinrich, Merkwürdigkeiten, Abenteuer, Erfahrungen und Bekanntschaften; gesammelt für die reifere Jugend auf einer Vergnügungsreise über den Ober- und Unterharz, Leipzig 1840.

Literatur und Quellen

- Müller, Wilhelm Ferdinand, Meine Streifereyen in den Harz und in einige seiner umliegenden Gegenden, Bd. 1, Weimar 1800.
- Nehse, Carl Ernst, Der Brocken und seine Merkwürdigkeiten, nebst einer Sammlung von Gedichten über den Brocken, entnommen aus den Brocken-Stammbüchern, Wernigerode 1840.
- Praetorius, Johannes, Blockes-Berges Verrichtung / Oder Ausführlicher Geographischer Bericht / von den hohen trefflich alt-und berühmten Blockes-Berge, Leipzig 1668/1669.
- Pröhle, Heinrich, Aus dem Harze. Skizzen und Sagen, Leipzig 1851.
- Rohr, Julius Bernhard von, Geographische und Historische Merckwürdigkeiten des Vor-oder Unter-Hartzes, Franckfurt/Leipzig 1736.
- Schroeder, Christian Friedrich, Abhandlung vom Brocken und dem übrigen alpinischen Gebürge des Harzes. Erster Theil, Dessau 1785.
- Schroeder, Christian Friedrich, Naturgeschichte und Beschreibung der Baumans- und besonders der Bielshöhle wie auch der Gegend des Unterharzes, 2. Aufl., Berlin 1796.
- Schultze und Müller im Harz. Humoristische Reisebilder mit Illustrationen von G. Brandt und W. Scholz, 7. Aufl., Berlin 1892.
- Stendhal. Zeugnisse aus und über Braunschweig (1806-1808), übersetzt, kommentiert u. hg. v. Mattauch, Bielefeld 1999.
- Stübner, Johann Christoph, Merkwürdigkeiten des Harzes überhaupt und des Fürstenthums Blankenburg insbesondere, Halberstadt 1793.
- Stolle, Rudolf, Der Harz im Winter. Praktischer Ratgeber für Winterfrische und Wintersport im Harz, Bad Harzburg 1908.
- Thüringen und der Harz, mit ihren Merkwürdigkeiten, Volkssagen und Legenden, 4. Bd., Sondershausen 1841.
- Unentbehrlicher Führer für Harzreisende, Enthaltend die Geschichten u. Sagen der alten Schlösser, Klöster und Ruinen und die Beschreibung aller Merkwürdigkeiten des Harzes, Quedlinburg o. J. (1808/09).
- Wanderung durch Wernigerode, Nöschenrode, Hasserode u. Schloss, hg. v. Harzklub Zweigverein Wernigerode, 8. Aufl., Wernigerode 1909.
- Zückert, Johann Friedrich, Naturgeschichte einiger Provinzen des Unterharzes nebst einem Anhange von den Mannsfeldischen Kupferschiefern, Berlin 1763.

Quellen

- Feuerunglück auf dem Brocken, in: Wernigerödisches Intelligenz-Blatt (WIB), Jahrgang 1835.
- Gassenreinigungs-Ordnung für die Stadt Wernigerode und Vorstadt Nöschenrode, in: WIB, Jahrgang 1799.
- Polizei-Reglement, die Harzführer betreffend, in: WIB, Jahrgang 1851.
- Ueber den Ursprung der Sage von der Hexenfahrt zum Brocken, in: WIB, Jahrgang 1798.
- Landeshauptarchiv Sachsen-Anhalt (LHASA), Abteilung Magdeburg (MD), Rep. H Stolberg-Wernigerode, D 15 Nr. 57a.
- LHASA, MD, Rep. H Stolberg-Wernigerode, J Nr. 238.
- LHASA, MD, Rep. H Stolberg-Wernigerode, J unverz. Anhang.
- LHASA, MD, Rep. H Stolberg-Wernigerode, K Nr. 796a.
- LHASA, MD, Rep. H Stolberg-Wernigerode, Kammer Wernigerode Rep. Reg. XVI Nr. 837.
- LHASA, MD, Rep. H Stolberg-Wernigerode, Kammer Wernigerode Rep. Reg. XXII Nr. 37.
- LHASA, MD, Rep. H Stolberg-Wernigerode, unverz. Anh. „Ordres an die Bau-Bedienten", 1747.

Inhalt

Gedanken vorab … 4

Nachgeschlagen … 8

Dem Harzreisenden zur Beachtung … 24

Wernigerode und Umgebung … 44

Brockengebiet und Ilsetal … 108

Einheimische und Gäste … 160

Literatur und Quellen … 188

Bibliografische Information Der Deutschen Bibliothek
Die Deutsche Bibliothek verzeichnet diese Publikation in der Deutschen Nationalbibliografie; detaillierte bibliografische Daten sind im Internet über http://dnb.ddb.de abrufbar.

Umschlag: Wernigerode von Osten, Aquarell von J. G. Samuel Rösel, 1804
Frontispiz: Rathaus zu Wernigerode, Stich aus der Reisebeschreibung „voyage dans le harz", 1862

Lektorat: Marion Schmidt

Fotografie/Reproduktion: Thorsten Schmidt
S. 24/25, 140: Herzog August Bibliothek Wolfenbüttel

© 2006 by Schmidt-Buch-Verlag
Die Winde 45; 38855 Wernigerode; Tel.: (0 39 43) 2 32 46, Fax: (0 39 43) 4 50 10
E-mail: info@schmidt-buch-verlag.de • Internet: www.schmidt-buch-verlag.de
1. Auflage 2006
Das Werk einschließlich aller seiner Teile ist urheberrechtlich geschützt. Jede Verwertung außerhalb der engen Grenzen des Urheberrechtsgesetzes ist ohne Zustimmung des Verlags unzulässig und strafbar. Dies gilt insbesondere für Vervielfältigungen, Übersetzungen, Mikroverfilmungen und die Einspeicherung und Verarbeitung in elektronischen Systemen.
Layout und Bildbearbeitung: Schmidt-Buch-Verlag, Wernigerode
Druck und Weiterverarbeitung: Grafisches Centrum Cuno GmbH & Co. KG, Calbe

ISBN 3-936185-41-7

Die Entstehung dieses historischen Reisebuches ist von mehreren Institutionen und Personen aktiv befördert und kritisch-konstruktiv begleitet worden. Herzlicher Dank gilt deshalb den Mitarbeiterinnen und Mitarbeitern der Stiftung Dome und Schlösser des Landes Sachsen-Anhalt, der Harzbücherei Wernigerode, des Landeshauptarchivs Sachsen-Anhalt, der Herzog August Bibliothek Wolfenbüttel sowie des Gleimhauses Halberstadt. Besondere Unterstützung erhielten wir von Doris Derdey und Steffi Hoyer sowie von Gabriele Voigt, Claudia Grahmann, Peter Schulze und Merten Lagatz.

Wernigerode, im Herbst 2005   Uwe Lagatz, Jörg Brückner und Thorsten Schmidt

Bildnachweis:

Stiftung Dome und Schlösser in Sachsen-Anhalt: S. 15, 20, 44/45, 47, 48, 51, 52, 53, 54, 55, 56, 63, 64, 67, 68, 70, 75, 78, 83, 86, 88, 89, 90, 91, 93, 94, 96, 99, 100, 106, 108/109, 113, 122, 126, 129, 133, 139, 151, 152, 160/161, 165, 166, 169, 172, 174, 177, 180, Umschlagabbildung
Harzbücherei Wernigerode: S. 22, 31, 35, 37, 40, 42, 46, 65, 112, 117, 136, 162, 178, 184, 187, Frontispiz
Sammlung Dr. Jörg Brückner: S. 28, 79, 98, 156, 158, 183
Sammlung Thorsten Schmidt: S. 5, 27, 110, 116
Sammlung Dr. Uwe Lagatz: S. 8/9, 11, 114
Herzog August Bibliothek Wolfenbüttel: S. 24/25, 140
Sammlung Peter Schulze: S. 148, 149
Landeshauptarchiv Sachsen-Anhalt: S. 16
Pfarramt St. Sylvestri und Liebfrauen: S. 69
Sammlung Doris Derdey: S. 84
Sammlung Claudia Grahmann: S. 135
Schloß Wernigerode GmbH: S. 101
Harzmuseum Wernigerode: S. 120
Sammlung Hans Röper: S. 125